Klosterneuburg

Dieses Buch gehört:

____

____

Das Kochbuch aus Niederösterreich

gesammelt und aufgeschrieben
von
Berti Schwarzbach

verlegt von

Wolfgang Hölker

ISBN 3-88117-321-8

D-4400 Münster, Martinistraße 2

Printed in Germany by Druckhaus Cramer, Greven
Imprimé en Allemagne
Musterschutz angemeldet beim Amtsgericht Münster
Buchbinderische Verarbeitung: Klemme, Bielefeld

Inhalt

Vorwort

Lieber Leser,

Die Bewohner Niederösterreichs sind keine Kostverächter: Sie schätzen reichliches Essen und guten Wein. Und so vielfältig wie die von der Donau und deren Nebenflüsse durchzogenen Landschaften und deren Klimazonen ist auch die Speiselandschaft. Zahlreiche Heere und Völkerstämme haben dieses Gebiet geprägt. Es ist das Land der Burgen und Schlösser, der Stifte und Klöster, berühmte Adelsgeschlechter errichteten wegen der Nähe zur Residenzstadt Wien dort ihre Sommerschlösser. Die niederösterreichische Küche ist das Ergebnis der verschiedenen Eßgewohnheiten zahlreicher Institutionen. So trugen die Fastenspeisen der Stifte und Klöster, die Rezepturen aus den Schloßküchen der kaiserlichen Jagdresidenzen, die Gerichte des Bürgertums und der Landbevölkerung mit zur Entstehung der niederösterreichischen Küche bei. Sie ist ein Produkt der Kulturgeschichte dieses Landes, und jede Region hat ihre Spezialitäten, wie z. B. das Waldviertel, das Weinviertel, das Voralpenland, die niederösterreichische Donaulandschaft und so fort. Die ländliche Küche ist reichhaltig und fett, auf Fleischspeisen ausgerichtet, wobei sich alles um das Schwein dreht.

Ja, das Schreiben und das Lesen
ist nie mein Fall gewesen,
doch schon von Kindesbeinen
befaßt ich mich mit Schweinen!
Mein Ideal und Lebenszweck
ist Borstenvieh und Schweinespeck!
(aus „Der Zigeunerbaron" von Johann Strauß)

Brauchtum wird noch überall im Land gepflegt. So wird am Neujahrstag ein Schweinsrüssel gegessen, um das ganze Jahr über Glück zu haben. Zum Fest des heiligen Martin (11. November) wird die Martinsgans verspeist. Für den Weinbauern ist dieser Tag wichtig, weil der Most zum Wein getauft wird. Die Küche Niederösterreichs bietet zur Jagdsaison viel Wildbret, die Flüsse liefern frische Fische, im Frühling zählt der Stangenspargel aus dem Marchfeld zu den Delikatessen, um nur einiges zu nennen. Die Auswahl der Rezepte führt Sie von den kaiserlichen Schloßküchen über die Stifte und bürgerlichen Haushaltungen bis hin zu den Landesküchen und den typischen Mehlspeisen aus Böhmen.

Was wäre aber ein gutes Essen ohne Wein!

Niederösterreich ist eines der größten Weinbaugebiete Europas. Vom einfachen Landwein bis hin zu ersten Spitzenqualitäten ist jede Geschmacksrichtung vertreten. Auf der folgenden Seite möchte ich Sie, geehrter Leser, über die bekanntesten Weinsorten informieren.

So hoffe ich, Ihnen mit diesem Buch viele neue Anregungen zu bringen – und wünsche gutes Gelingen!

Ihre

Jutta Schwarzbach

Die Weine Niederösterreichs

Niederösterreich ist das Land der offenen Weine. Selbst Spitzenweine werden nicht immer in Bouteillen gefüllt. Wien ist nahe, wozu erst den Wein in Flaschen abfüllen? Die Wiener und Niederösterreicher haben „Durst" und trinken den Wein gegen den „Durst".

Und dies ist seit Jahrhunderten die Devise: „Außen Wasser, innen Wein, laßt uns alle fröhlich sein!"

Schon die Kelten haben wahrscheinlich in dieser Weinbauregion die Wildreben gesammelt und allmählich kultiviert. Ganz sicher aber betrieben hier die Römer vor 2000 Jahren den Weinbau. Im Mittelalter sind es dann die den leiblichen Genüssen stets zugeneigten Klöster, die den Weinbau zu großer Blüte bringen. Heute sprechen wir von 8 Weinbaugebieten, in denen Weine gezogen werden, die mit zu den berühmtesten Europas zählen.

Die folgenden wichtigsten Weinsorten werden in Niederösterreich kultiviert.

Weißweine: Grüner Veltliner (die am stärksten verwendete Weinsorte), Müller-Thurgau, Rheinriesling, Neuburger, Weißer Burgunder, Ruländer, Rotgipfler, Zierfandler, Traminer und Welschriesling.

Rotweine: Blauer Burgunder, Blauer Portugieser, Blaufränkischer und Zweigelt sowie St. Laurent (eine hervorragende Neuzüchtung der weltberühmten Klosterneuburger Weinbauschule).

Berühmte Weinbaugebiete sind:

Krems und die Wachau, das Weinviertel (Retz, Haugsdorf, Mailberg usw.), Klosterneuburg. Südlich von Wien die Gebiete Baden, Vöslau, Gumpoldskirchen usw., nördlich von Wien der resche „Brünner Strassler".

DEBERNY

fig. 1

Suppen

Die Brüll hinter Mödling

Am Anfang einer Mahlzeit steht in Österreich die Suppe, es sei denn, daß man zuvor eine kalte Vorspeise serviert. Die Suppe darf daher als ein Wertmesser der zu erwartenden kulinarischen Genüsse betrachtet werden; selbst eine mittelmäßige Mahlzeit erscheint dem Österreicher noch erträglich, wenn der Anfang, die Suppe, gut war.

A) Klare Suppen

Grosser Suppentopf

8 Portionen

60 dag mageres Rindfleisch, 25 dag Rindsknochen, 2 Porreestangen, 1/4 Sellerie, 1 Zweig Thymian, 1 Lorbeerblatt, 2 Karotten, 2 Knoblauchzehen, Salz, 1 mittlere Zwiebel mit 2 Nelken gespickt, 3 – 3 1/2 l Wasser

Das Fleisch wird in einem hohen Topf mit den Knochen in kaltem Wasser zugestellt. Einmal aufkochen lassen, abschäumen, das geschnittene Gemüse hinzugeben und langsam wallen lassen. Nur leicht salzen. Die Suppe durch ein dünnmaschiges Sieb oder Tuch seihen, würzen und eventuell nachsalzen. Die Suppe bekommt eine besonders schöne Farbe, wenn viele Zwiebelschalen mitgekocht werden.

Kochzeit ca. 3 – 3 1/2 Stunden.

Klare Ochsenschwanzsuppe

8 Portionen

Suppe: 8 dag Petersilienwurzel, 8 dag gelbe Rüben, 1/4 Selleriewurzel, Zwiebeln und Pfefferkörner, 3 dag Fett, 50 dag Rindsknochen, 50 dag Ochsenschlepp, 3 l Wasser, Salz, Klar von 2 Eiern
Einlage: 6 dag grüne Fisolen, 8 dag Karotten, 6 dag grüne Erbsen, 10 dag Karfiol, 10 dag Spargel, Salzwasser, 4 dag Champignons, 2 dag Butter

Das Wurzelwerk wird nebst Knochen, Zwiebeln und Pfefferkörnern in Fett leicht angeröstet, ein auf große Stücke zerhackter Ochsenschwanz und Salz hineingegeben und dieser nach Aufgießen von Wasser weich gekocht. Ist das Fleisch weich, nimmt man es heraus, löst es von den Knochen und schneidet es in kleine Stücke, seiht die Suppe ab und läßt sie auskühlen. Wenn die Suppe erkaltet ist, wird sie abgefettet und geklärt, d. h. Eiklar wird zu Schnee geschlagen, in die Suppe gegeben, die Suppe mit der Schneerute noch etwas gepeitscht, bis sie kocht, und dann durch ein Tuch geseiht. Als Einlage verwendet man die in Butter gedünsteten Champignons und die verschiedenen in Salzwasser gekochten feinen Gemüse, gedünstete grüne Erbsen, nudelig geschnittene Fisolen, würfelig geschnittene Karotten, Spargelspitzen, Karfiolröschen und das Fleisch.

Mama nannte sie die „faule Frauen-Suppe"

Eintropfsuppe

8 Portionen

2 1/2 l Suppe
Tropfteig: 1 Ei, ca. 5 dag Mehl, 2 – 3 Eßlöffel Milch

Ei, Mehl und Milch werden in einer Schnabelschale sehr gut verquirlt oder mit einer Gabel glatt verrührt und mittels des Schnabels in kochende Rindsuppe eingetropft, wobei man die Schale möglichst hoch hält und immer hin und her schwenkt. Man läßt das Eingetropfte nur einmal aufkochen.

- weils' so schnell zu machen geht.

Rindsuppe mit Speckgrießknödeln

8 Portionen

2 1/2 l Rindsuppe
Speckgrießknödel: 6 dag Speck, 1/4 l Milch, 12 dag Weizengrieß oder Maisgrieß, 1 Ei, Salz, Salzwasser

Der Speck wird kleinwürfelig geschnitten und in einer Kasserolle goldgelb geröstet, dann mit Milch aufgegossen. In die kochende Milch mengt man den Grieß hinein, den man am Feuer so lange verrührt, bis daraus eine sehr dicke Masse geworden ist, die sich vom Kochlöffel löst. Nun entfernt man sie zum Erkalten. Die erkaltete Masse mit dem Ei vermengen, salzen, zu kleinen Knöderl formen, die 5 Minuten in leicht sprudelndem Salzwasser zugedeckt kochen müssen. Unmittelbar vor dem Auftragen werden sie dann in die Rindsuppe eingelegt und sofort serviert.

Anmerkung: Sollte sich die Masse nicht formen lassen, gibt man etwas heißes Wasser dazu.

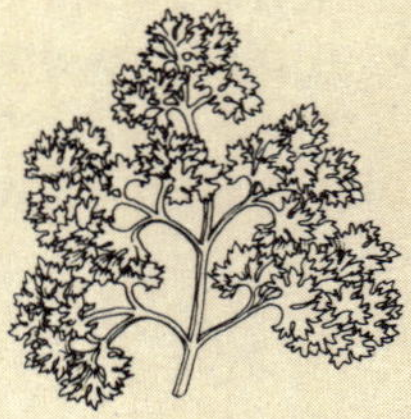

Rindsuppe mit Kartoffelschöberl

8 Portionen

2 1/2 l Rindsuppe
Kartoffelschöberl: 10 dag Butter, 4 Dotter, 3 dag Weizengrieß, Salz, 2 dag Mehl, Petersiliengrün, 12 dag passierte Kartoffeln (20 dag roh), Klar von 4 Eiern, Butter und Mehl für die Form

Die flaumig gerührte Butter wird mit Dottern, Salz gehackter und in Fett angerösteter Petersilie, Grieß, Mehl, gekochten, passierten Kartoffeln und dem festen Schnee des Eiklars vermengt. Die Masse in einer befetteten, bemehlten Tortenform backen, in gleichmäßige Stücke schneiden und zur Rindsuppe reichen.

Rindsuppe mit Milznockerl

8 Portionen

2 1/2 l Rindsuppe
Milznockerl: 20 dag Milz, 6 dag Butter, 1 Ei, 2 abgerindete, eingeweichte Semmeln, Salz, Pfeffer

Die Butter mit dem Ei gut schaumig rühren, die Semmeln ausdrücken und würzen. Die Milz wird geschabt und in den Butterabtrieb eingerührt, die Semmelmasse eingearbeitet. Diese Masse etwa 1 Stunde rasten lassen. Sollte sie zu locker sein, kann man eventuell etwas glattes Mehl dazugeben. Nockerl ausstechen, in die kochende Suppe einlegen und 10 Minuten schwach wallend kochen.

Ein Milznockerl für
wahr, das ist wunder-
bar.

Rindsuppe mit Luftstrudel

1 l Rindsuppe, Strudelteig (Grundrezept s. S. 96, 1/2 Masse), 5 dag Butter, 1 Büscherl Petersilie, Salz

Den Strudelteig mit zerlassener Butter betropfen, mit gewiegter Petersilie bestreuen, salzen und einrollen. Den Strudel auf ein befettetes Blech legen und bei mittlerer Hitze backen, in 1 cm dicke Scheiben schneiden und zur heißen Rindsuppe servieren.

B) Gebundene Suppen

Ganslsuppe

8 Portionen

Gänseklein (Junges von 1 – 2 Gänsen)
Einmach: 10 dag Butter, 10 dag Mehl, 1/2 dag Petersiliengrün oder ein Büscherl
Sud: 3 1/2 l Wasser, 5 dag Petersilienwurzel, 4 dag Sellerie, 5 dag Karotten, 4 dag Zwiebeln, 5 Pfefferkörner, Salz
Einlage: 1/2 Rose Karfiol (ca. 20 dag), in Salzwasser gekocht, 4 dag Fett zum Braten der Leber, 5 dag Champignons (Tafelpilze), in 3 dag Butter gedünstet, 2 Semmeln

Eine lichte Einmach mit Petersiliengrün gießt man mit dem geseihten Sud auf, in dem vorher das gewaschene Gansljunge (das sind Kopf, Hals, Flügel, Herz und Magen der Gans) unter Zusatz von blättrig geschnittenem Wurzelwerk, Zwiebeln, Salz und Pfefferkörnern weich gekocht wurde. Gut verkochen lassen. Als Einlage gibt man in diese Suppe das in kleine Stücke geteilte Gansljunge, die gedünsteten, blättrig geschnittenen Champignons, die gekochten Karfiolröschen, die in Fett gebratene, in Würferl geschnittene Gansleber und die geschnittenen, gebähten Semmeln.

Als Einlage sind Brösel oder Markknödel auch sehr gut!

'Ein Feinschmeckersuppel'

Fasanensuppe

1 Fasan, 4 dag Fett, Suppengrün, Salz, 1 Schale Linsen, 4 dag Öl, 4 dag Mehl, Wurzelwerk, 1 mittlere Zwiebel, Salz, Pfeffer, Thymian, Lorbeerblatt, 1/16 l Madeira, 2 Eidotter, 1/8 l Obers, 3 dag Butter

Für diese Suppe können sowohl ältere als auch zerschossene Fasane verwendet werden.

Man reinigt den Fasan, salzt, pfeffert und brät ihn in heißem Fett gut an. Dann kocht man ihn mit den Suppengemüsen weich. Separat werden die schon vorgeweichten Linsen gegart. Nun wird aus Fett und Mehl eine braune Einbrenn bereitet, man gibt das kleinwürfelig geschnittene Wurzelwerk bei, röstet es ein wenig durch und gießt mit der Fasanensuppe auf. Man fügt die Linsen bei, ebenso das weiche, ausgelöste Fasanenfleisch, Lorbeerblatt, etwas Thymian und läßt alles gut verkochen.

Dann entweder durch die Faschiermaschine passieren oder, wenn man hat, im Mixer pürieren. Die passierte Suppe gießt man in einen Topf, läßt das Ganze nochmals aufkochen und würzt wenn nötig nach.

Zum Schluß fügt man noch Salz, Pfeffer, Madeira mit Obers und legierte Eidotter bei und mischt frische Butter dazu.

Niederösterreichische Rahmsuppe

In 1 l Wasser etwas Kümmel und Salz geben und 3/10 l mit einem stark gehäuften Eßlöffel Mehl abgesprudelte Milch hineingießen, wenn das Wasser aufkocht. Gequirlt 3/10 l sauren Rahm und einige Spritzer Essig dazugeben, wenn man die Suppe vom Feuer gezogen hat. In Würfel geschnittenes Roggenbrot wird separat gereicht.

Niederösterreichische Stosuppe

8 Portionen

1 1/2 l Wasser, 1/2 dag Kümmel, Salz, 3/10 l saure Milch,
2 dag Mehl, 1/4 l Rahm, 35 dag Kartoffeln, Salzwasser

Wasser mit Salz und Kümmel aufkochen. Mit 3/10 l saurer Milch wird das Mehl verquirlt und in das kochende Wasser eingerührt. Aufkochen und vom Feuer nehmen. Nun fügt man den sauren Rahm hinzu.

Dazu reicht man ohne Schale gekochte Kartoffeln.

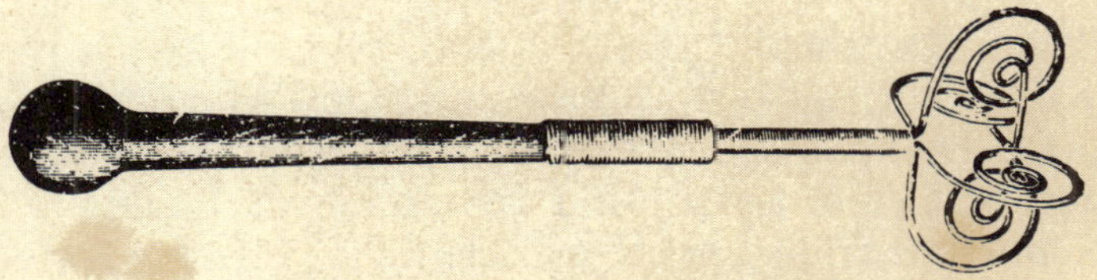

Prager Kartoffelpüreesuppe

1 1/4 l Selchsuppe, 50 dag Kartoffeln, 3 dag Fett, 3 dag Mehl, 1/8 l Milch, Majoran, Selchfleisch, Semmelwürferl

Die geschälten und würfelig geschnittenen, rohen Kartoffeln in der Selchsuppe breiig verkochen. Aus Butter und Mehl macht man eine lichte Einmach, welche mit Milch aufgegeossen wird. Man würzt mit Majoran, gießt mit der Kartoffelsuppe auf und verkocht alles gut. Dann durch ein Sieb passieren. Als Einlage kommen feinwürfelig geschnittenes Selchfleisch und in Butter geröstete Semmelwürfel hinzu.

Waldviertler Linsensuppe

20 dag Linsen, 1 1/4 l Wasser, Salz, 1 Lorbeerblatt, Pfeffer, Thymian, Schale von 1/2 Zitrone, 5 dag Rollgerstel, 1 mittlere, feingehackte Zwiebel, 4 dag Fett oder 7 dag Speckwürfel, 15 – 20 dag kleinwürfelig geschnittene Karotten, 3 dag Mehl, 4 Eßlöffel Buttermilch, etwas Senf, Essig, 2 Eßlöffel Paradeismark, Schnittlauch

Die über Nacht eingeweichten Linsen in frischem Wasser mit Salz, Lorbeerblatt, Thymian, Pfeffer, Zitronenschalen, Rollgerstel (welche vorher kalt gewaschen wurde) aufkochen lassen. Daneben feingehackte Zwiebel in heißem Fett oder gelb geröstenen Speckwürfeln rösten, zu den Linsen geben, ebenso die Karotten. Unter öfterem Umrühren die Linsen weich kochen. Zuletzt die Buttermilch mit Mehl, Fett sowie Paradeismark verrühren und in die Linsensuppe geben (am besten mit Hilfe des Schneebesens). Mit Essig säuern und noch ca. 10 Minuten auf kleinem Feuer kochen lassen.

Vor dem Anrichten wird der Schnittlauch darübergestreut.

Beuschelsuppe

Ein Beuschel einschließlich Herz, Lichtl, Schlund und Schweinshaxl wird in Salzwasser mit blättrig geschnittenem Wurzelwerk, Zwiebel, Lorbeerblatt, Thymian und Pfefferkörnern weich gekocht; dann herausnehmen, erkalten lassen und feinnudelig schneiden. Mehl in heißem Schmalz ziemlich braun anrösten, feingehackte Zwiebeln mitrösten, zerdrückten Knoblauch und gehackte Würzkräuter dazugeben. Mit so viel Kochsud aufgießen, daß eine mollige, aber nicht zu dicke Sauce entsteht. Gut 20 Minuten auf kleiner Flamme kochen lassen.

Nun das geschnittene Beuschle beigeben. Mit dem restlichen Kochsud verdünnen und etwas Essig zum Nachsäuern verwenden. Zuletzt mit Rahm abschmecken und noch einmal aufkochen lassen.

Blutwurstsuppe

50 dag Blutwurst (Blunze), 4 dag Fett, 1 mittlere Zwiebel, 2 Knoblauchzehen, Majoran, 3 dag Mehl, 1 Ei, Pfeffer, Salz, 3 dag geriebener Hartkäse, 2 Eßlöffel Milch, 5 dag Mehl

Die Blutwurst abhäuten und kleinwürfelig schneiden. In heißem Fett die feingehackte Zwiebel und die zerdrückten Knoblauchzehen anrösten. Majoran und Mehl beigeben, kurz weiterrösten, dann die Blutwurst dazugeben. Alles gut durchschwitzen lassen. Mit einem Liter Wasser zu einer molligen Suppe aufgießen und eine Weile verkochen lassen. Ei, Salz, Pfeffer, geriebener Hartkäse, Mehl und etwas Milch zu einem zähflüssigen Teig verrühren, durch ein verkehrt gehaltenes Reibeisen direkt in die kochende Suppe drücken. Kurz aufkochen lassen.

Als Einlage gebähte Semmelschnitten reichen.

Österreichische Suppe

8 Portionen

10 dag Butter, 10 dag Mehl, 1/2 Suppenhuhn oder 1 Huhn, 2 1/2 l Wasser, Salz, 1 Rose Blumenkohl, 1/2 kg Kartoffeln, 7 dag grüne Erbsen, gebackene Tropfteigerbsen

Das Huhn weich kochen. Man bereitet von Butter und Mehl eine lichte Einmach, gießt sie mit Hühnersuppe auf, läßt sie sehr gut verkochen und schmeckt mit Salz ab. Kleinwürfelig geschnittenes Hühnerfleisch, ausgestochene, gekochte Kartoffeln und die in Salzwasser gekochten grünen Erbsen sowie Karfiolröschen werden dazugegeben.

Einlage: Gebackene Tropfteigerbsen.

Zwiebelsuppe „Berti“

25 dag Zwiebeln, 3 dag Schweineschmalz, 1 1/2 l Wasser, Salz, Pfeffer, 2 Eigelb, Bouillon

Die Zwiebeln in dünne Scheiben schneiden und in dem Schmalz hellgelb anrösten. Mit kaltem Wasser aufgießen, salzen und pfeffern. 15 Minuten kochen lassen. Die Eidotter mit einigen Löffeln Bouillon gut verrühren, die Suppe damit binden, aber nicht mehr kochen lassen. Dazu dünne Scheiben im Ofen gerösteten Brotes servieren.

Hirnsuppe

8 Portionen

10 dag Butter, 10 dag Mehl, 2 1/2 l Wasser, Salz, Pfeffer, 2 Schweinshirne, 2 dag Zwiebeln, 1 Büscherl Petersilgrün, 2 dag Fett

Das Hirn wird in lauwarmes Wasser gelegt, nach 5 Minuten abgeseiht, abgehäutet, grob gehackt und mit feingehackten Zwiebeln und Petersilie in Fett geröstet. Eine Einmach aus der Butter und dem Mehl wird mit Wasser aufgegossen, gut verkocht, mit Salz und Pfeffer gewürzt. Dann fügt man das Hirn hinzu und kocht es noch kurze Zeit mit.

Als Einlage werden gebähte Semmelwürfel oder Tropfteigerbsen verwendet.

Fischsuppe

8 Portionen

1 großer Fischkopf, Fischabfälle (daraus 1 1/4 l Fischsuppe bereiten), 30 dag Süßwasserfische, 5 dag Butter, 3 hartgekochte Eier, 3 alte Semmeln, Salz, Pfeffer, Petersilie

Das Fischfleisch wird kleinwürfelig geschnitten, gesalzen und gepfeffert. In der heißen Butter kurz überrösten, die zerdrückten, hartgekochten Eier darüberstreuen. Das Ganze in den kochenden Fischsud geben, in dem zuvor die in Scheiben geschnittenen Semmeln mit dem Schneebesen verschlagen wurden. Unter öfterem Rühren das Ganze einmal aufkochen. Würzen und mit feingehackter Petersilie bestreuen.

Krebssuppe

10 Krebse, Salzwasser, Kümmel, 2 dag Petersiliengrün, 4 dag Butter zum Stoßen der Schalen, 4 dag Butter zum neuerlichen Rösten, 1/4 l Wasser oder Rindsuppe, 4 dag Butter, 5 dag Mehl, Salz und Cayennepfeffer, 1 l Wasser oder Suppe, 1 Semmel

Lebende Krebse werden in siedendes Salzwasser, in das man etwas Kümmel und grüne Petersilie gibt, hineingeworfen und 7 Minuten lang gekocht. Nachdem man die Krebse herausgefaßt hat, wird das in Scheren und Schwänzen befindliche Fleisch ausgelöst und später als Einlage in die Suppe gegeben. Schalen und Reste werden in einem Mörser mit Butter gestoßen, in Butter angeröstet, mit Wasser aufgegossen, gut verkocht und durch ein Sieb geseiht. Das oben schwimmende Fett (Krebsbutter) wird nach dem Erkalten abgenommen. Der feste Rückstand wird abermals in Butter angeröstet, mit Mehl gestaubt und – nachdem auch dieses etwas angeröstet wurde – mit dem früher abgeseihten Saft sowie dem Wasser oder der Rindsuppe aufgegossen. Die Suppe wird dann zur endgültigen Entfernung der festen Bestandteile abermals abgeseiht, gesalzen, mit Cayennepfeffer gewürzt. Die Krebsbutter wird vor dem Anrichten in der Suppe aufgelöst.

In diese Suppe gibt man das Krebsfleisch der Schwänze und Scheren und geröstete Semmelwürfel als Einlage.

Notizen & weitere Rezepte:

Karviol-Suppe.

Zwei schöne Stücke Karviol siedet man in guter Fleischbrühe weich, und läßt zwey Löffel voll Mehl in Butter anlaufen, dann wird etwas grüner fein geschnittener Petersilie dazu gegeben mit der Karviol-Suppe aufgegossen gut aufkochen, und über denselben mit gerösteten Semmelschnitten angerichtet.

Notizen & weitere Rezepte:

fig. 2

Fleischspeisen

A) Vom Rind

Beefsteak „Dürnstein“

4 Beefsteaks von je 16 dag, Salz, Pfeffer, Bratfett, Butter, 2 Pfirsiche, 1/8 l Bratensaft, 0,2 l Marillenbrand

Die Steaks vorbereiten und braten, überschüssiges Fett abgießen und Butter in die Pfanne geben. Abgezogene und halbierte Pfirsiche darin unter Schütteln braten, herausnehmen und auf die Steaks verteilen, den Bratenrückstand mit etwas Bratensaft aufgießen, verkochen lassen, den Marillenbrand dazugeben und die Sauce über die Beefsteaks gießen.

Marinierter Lungenbraten

80 dag enthäuteter Lungenbraten, Salz
Marinade: 1/2 feingehackte Zwiebel, 1 zerdrückte Knoblauchzehe, 1 Eßlöffel Zitronensaft, 2 Eßlöffel Öl, Pfeffer, Selleriesalz, Thymian, Majoran, Rosmarin

Die Zutaten für die Marinade werden gut vermischt und bei schwacher Hitze etwa 5 Minuten gekocht. Das Fleisch in eine Schüssel legen, die kalte Marinade darübergießen und mehrere Stunden stehen lassen, des öfteren in der Marinade wenden.

Das Fleisch aus der Marinade heben, gut abtropfen lassen. Am Spieß ca. 25 Minuten braten oder grillen, salzen und in diagonale Scheiben schneiden.

Dazu verschiedene pikante Saucen reichen.

Beiriedstück (Rumpsteak) nach „Fürst Auersperg“

8 Portionen

2 kg Beiried (Rumpsteak), Salz, Pfeffer, 3 dag Mehl, 7 dag Fett oder Öl, 3 dag Butter für die Pfanne, 17 dag Gansleber, 1/8 kg Rindsmark, 8 dag Tafelpilze (Champignons)
Zum Bestreuen: 3 dag Semmelbrösel, 4 dag Parmesan, 3 dag Butter

Die Rumpsteaks werden leicht geklopft, am Rand mehrmals eingeschnitten, gepfeffert und gesalzen, von einer Seite in Mehl getaucht und auf dieser in Fett gebraten. Dann mit der ungebratenen Seite in eine mit Butter ausgestrichenen Pfanne legen, mit roher, in Scheiben geschnittener Gansleber, dem blanchierten, geschnittenen Rindsmark und den rohen, blättrig geschnittenen Champignons belegen, mit Parmesan und Semmelbröseln bestreuen und kleine Butterflocken aufsetzen. Nun schiebt man die Pfanne für 15 Minuten ins heiße Rohr.

Beigaben: Grüne Erbsen, Pommes frites.

Jägerbraten

8 Portionen

1,2 kg Rindfleisch im Ganzen, 10 dag Selchspeck zum Spicken, Salz, evtl. Pfeffer, Fett zum Braten, 4 dag Butter, 1 mittlere, feingeschnittene Zwiebel, 1 Büscherl gehackte Petersilie, 25 dag Champignons oder Herrenpilze, 1/16 bis 1/8 l Weißwein, 3 dag gehackte Kapern

Den rohen Rindsbraten von gröbsten Flächsen befreien, stark spicken, binden, salzen und eventuell mit geriebenem schwarzen Pfeffer einreiben. In einer Pfanne läßt man Fett erhitzen und brät das Fleisch schnell rundum ab, dann bei gedrosselter Hitze braten und öfters mit einem Eßlöffel Wasser ablöschen. Das Anbraten kann auch im heißen Rohr erfolgen. Der Braten benötigt ungefähr 2 Stunden – je nach Qualität des Fleisches – und soll zugedeckt weich gedünstet werden. Nun die Zwiebel extra in Butter anschwitzen, Petersilie hinzufügen, ebenso die blättrig geschnittenen Champignons oder Herrenpilze. Mit Weißwein untergießen, salzen und weich dünsten.

Die gedünsteten Champignons werden mit den Kapern als Einlage in die fertige Sauce gegeben, die über den aufgeschnittenen, angerichteten Rindsbraten gegossen wird.

Falscher Rehrücken

8 Portionen

1/2 kg Schweineschulter, 1/2 kg Rindfleisch vom Zapfel, 1/2 kg Rehschulter, 2 Eier, 3 dag Fett, 4 dag Zwiebeln, 1 Büscherl Petersilie, 5 dag Speck, Pfeffer und Salz, 2 Semmeln, 2 dl Wasser, 5 dag Mehl zum Formen, 10 dag Fett, 4 dag Petersilienwurzel, 3 dag Sellerie, 4 dag Karotten, 5 dag Zwiebel, 20 Pfefferkörner, 1 Lorbeerblatt, 10 Neugewürzkörner, 1 Prise Ingwer, Muskatnuß und Thymian, 3 dag Mehl, Wasser oder Rindsuppe, 1/4 l saurer Rahm, Zitronensaft

Rohes Schweinefleisch, Rindfleisch und Rehschulter werden faschiert, dann mit Eiern, in Fett angerösteten Zwiebeln und Petersilie, kleinwürfelig geschnittenem Speck, Salz und Pfeffer sowie den erweichten, ausgedrückten Semmeln und Wasser gut vermischt. Das Gemenge mit Mehl oder Bröseln zu einer kurzen, dicken Rolle formen und in heißem Fett mit Wurzelwerk, Zwiebeln und Gewürzen 60 Minuten braten. Nun wird das Wurzelwerk mit Mehl gestaubt und nach dessen Anrösten mit Wasser oder Rindsuppe aufgegossen. Die passierte Sauce mit abgesprudeltem sauren Rahm verfeinern, mit Zitronensaft säuern; den Braten darin noch ca. 10 Minuten dämpfen.

Beigabe: Nudeln aller Art, Knödel, Reis und dergleichen.

Vanille-Rostbraten

4 Portionen

4 Rostbraten, Salz, Pfeffer, 3 Knoblauchzehen, Mehl, Öl, 3 dag Butter, Rindsuppe

Die Rostbraten werden am Rand eingeschnitten, geklopft, gesalzen, gepfeffert und mit zerdrücktem Knoblauch eingerieben, von einer Seite in Mehl getaucht und rasch auf beiden Seiten in Öl gebraten. Das überschüssige Öl abgießen, frische Butter in die Pfanne geben und das Fleisch kurz weiterbraten, mit Rindsuppe aufgießen und einmal kräftig aufkochen lassen.

Vanillerostbraten
wird immer gut geraten

Böhmische Rostbraten

4 Rostbraten, Senf, Salz, Pfeffer, etwas Mehl, 10 dag Fett, Weißwein, 1/8 l Wasser oder Rindsuppe, 10 dag frischer geriebener Kren

Die Rostbraten an den Rändern einschneiden, leicht klopfen, salzen, pfeffern und auf der einen Seite mit Senf einreiben.

Nun werden sie mit der Senfseite in Mehl getaucht. In heißes Fett mit der Mehlseite nach unten einlegen und beidseitig goldbraun braten. Herausnehmen, auf einer Platte anrichten und warm stellen. Der Bratenrückstand wird mit wenig Weißwein und Rindsuppe (oder Wasser) abgelöscht und aufgekocht. Die angerichteten Rostbraten mit dem Saft übergießen und mit dem geriebenen Kren bestreuen.

Beilage: Kartoffelschmarrn.

Die Kalbsleber gefüllt,
den feinsten Magen füllt.

B) Vom Kalb

Gefüllte Kalbsleber

6 Portionen

1 Kalbsleber, Milch, 5 – 6 dünne Scheiben Hamburger Speck, 2 große Zwiebeln, Öl, Salbei oder Lorbeerblätter, Salz und Pfeffer

Man legt die Kalbsleber 2 Stunden in Milch, nimmt sie heraus und trocknet sie ab. Die Leber wird enthäutet und der Länge nach 5 – 6mal bis zu 2/3 in der Höhe eingeschnitten. In die Einschnitte je 1 Speckscheibe, 1 – 2 dicke Zwiebelringe und frischen Salbei oder 1/2 Lorbeerblatt einlegen. Die gefüllte Leber quer zu den Einschnitten mit Spagat binden, gut mit Öl bestreichen und in eine Alufix-Folie einpacken. Nun die Leber langsam grillen (ca. 25 – 30 Minuten), die letzten 5 Minuten aber die Alufix-Folie aufmachen, die Leber salzen, würzen und offen fertig grillen. Den Spagat aufschneiden und entfernen.

Gefüllte Kalbsnuß

8 Portionen

1 1/2 kg Kalbsnuß, Salz, 10 dag Fett zum Braten, Wasser oder Suppe, 3 dag Butter
Fülle: 1/4 kg faschiertes Schulterfleisch, 1/4 Milch, 2 Semmeln, 7 dag Butter, 2 Dotter, Salz, Pfeffer, 4 dag Zunge

In die abgehäutete Kalbsnuß wird ein breiter Querschnitt gemacht. Nun wird sie gefüllt, zugenäht, gesalzen und etwa 90 Minuten unter fleißigem Begießen im Rohr gebraten. Der Saft wird entfettet, mit Suppe oder Wasser aufgegossen und mit Butter aufgekocht.

Fülle: Das Fleisch wird dreimal faschiert, dann mit abgerindeten, in Milch erweichten Semmeln passiert. Die Butter wird schaumig gerührt, dann gibt man die Dotter, das Passierte, die Gewürze und die würfelig geschnittene Zunge dazu und verrührt diese Masse gut. Man kann statt der Semmeln auch eine Milcheinmach in die Fülle geben.

Beilagen: Feine Gemüse, Risipisi

Gebackene Kalbsfüße

2 Kalbsfüße, Salz, 1 kleine Zwiebel, 10 dag Wurzelwerk, Mehl, 2 Eier, Semmelbrösel, Fett

Die Kalbsfüße sehr gut waschen und reinigen, in Salzwasser mit Zwiebel und Wurzelwerk weich kochen und noch warm von den Knochen lösen. In 4 möglichst gleichmäßige Stücke schneiden, dann mit Mehl, Ei und Semmelbrösel panieren und in heißem Fett goldbraun ausbacken.

Beilage: Mayonnaisesalat.

Kalbshaxen, gebraten

Pro Portion: 1/2 Kalbshaxe, 2 zerdrückte Knoblauchzehen, Salz, Pfeffer, 10 dag Butter, etwas Mehl

Die Haxen werden gewaschen, gesalzen und gepfeffert und mit Knoblauch eingerieben. In einer Pfanne erhitzt man Butter und läßt darin das Fleisch im Rohr von allen Seiten gut anbraten. Dabei immer wieder die Haxen mit Bratensaft begießen. Ab und zu etwas Wasser untergießen.

Die weichen Haxen herausnehmen (Bratzeit ca. 60 – 75 Minuten) und warm stellen. Den Bratensaft eingehen lassen, ganz wenig mit Mehl stauben und mit Flüssigkeit gut verkochen. Die Haxen werden auf vorgewärmter Platte angerichtet und der Saft separat serviert.

Beilage: Reis oder Petersilkartoffeln, Salate.

C) Vom Schwein

Saumoasn (Waldviertler Spezialität)

Dies ist eine Art geselchter Fleischknödel.

Man nimmt zu gleichen Teilen mageres und fettes Schweinefleisch, hackt es oder faschiert es, gibt nach Geschmack Salz, Pfeffer, Majoran, Kümmel und zerdrückten Knoblauch dazu, mischt es gut und formt daraus Knödel. Diese werden in ein Schweinsnetz gehüllt und auf ein Brett gelegt. Dort bleiben sie 4 Tage bei mittlerer Wärme liegen, wodurch sie eine Gärung (Sur) durchmachen. Nun werden sie nochmals gut geballt, mit Spagat kreuzweise umwickelt, man macht noch eine Schleife daran, damit man sie an einer Selchstange aufhängen kann.

Sie kommen in die Selchkammer, bis sie schwarz und haltbar geworden sind. In einer luftigen Speisekammer halten sie viele Monate.

Bei Gebrauch werden die Moasn in kochendem Wasser weich gekocht.

Dazu reicht man Sauerkraut.

Gekochter Schweinskopf

50 dag Schweinskopf mit Rüssel, Salz, 1 Knoblauchzehe, 6 Pfefferkörner, 1/2 Lorbeerblatt, Wurzelwerk, 1 mittlere Zwiebel, Kren

Den gewaschenen Schweinskopf mit Knoblauch, Salz und den Gewürzen in Wasser langsam für etwa 2 Stunden kochen. 15 Minuten vor Beendigung der Kochzeit das geschnittene Wurzelwerk und die geschnittene Zwiebel beigeben. Wenn das Fleisch weich ist, den Schweinskopf herausnehmen, das Fleisch von den Knochen lösen, in fingerdicke Scheiben schneiden, mit Suppe übergießen, reichlich mit dem weichgekochten Wurzelwerk umlegen und mit frisch gerissenem Kren anrichten.

Als Beilage Salzkartoffeln servieren.

Schweinebraten

1 kg Schweinskarree, Schweinsknochen, 3 Knoblauchzehen, Kümmel, Salz, etwas Mehl

Das Fleisch wird mit Kümmel, Knoblauch gut eingerieben und 60 Minuten liegen gelassen. Dann salzt man das Fleisch und legt es mit der Speckseite nach unten in eine mit kleingehackten Schweinsknochen ausgelegte Bratpfanne. Man gießt etwas Wasser bei und brät das Fleisch ca. 90 Minuten bei mittlerer Hitze. Nach halber Bratzeit wird der Schweinebraten gewendet und unter zeitweiligem Begießen mit dem eigenen Bratensaft schön braun gebraten. Wenn der Braten fertig ist, aus der Pfanne nehmen und warm stellen.

Einen Teil des Fettes aus der Pfanne abgießen, mit Mehl stauben, etwas durchrösten und mit der nötigen Wassermenge zu einem Saft verkochen, welcher geseiht und dann um den in Scheiben geschnittenen Schweinebraten gegossen wird.

Beilage: Krautsalat, Blaukraut, Sauerkraut, Servietten- oder Semmelknödel.

Gefüllte Schweinsbrust (kalt)

8 Portionen

2 kg Schweinsbrust, 8 dag Karotten, 8 dag Petersilienwurzel, 4 dag Sellerie, 1 Prise Thymian, 5 Neugewürzkörner, 12 Pfefferkörner, 2 Lorbeerblätter, Salzwasser
Fülle: 2 Semmeln, 25 dag Schweinsschulter, 1/2 kg Schweinsleber, 8 dag Speck, 2 dag Schalotten, Salz und Pfeffer, je 1 Prise Majoran und Muskatnuß

Die ausgelöste Schweinsbrust wird untergriffen, gefüllt, mit Spagat zusammengenäht, in eine Serviette eingerollt, mit Spagat fest umwunden und in einem aus Wasser, den Knochen, Abfällen der Schweinsbrust, Wurzelwerk und den Gewürzen hergestellten Sud 2 Stunden langsam gekocht. Die abgekühlte Schweinsbrust wird aus der Serviette genommen, in eine andere Serviette fest eingeschnürt und zwischen zwei beschwerten Schneidbrettern gepresst.

Fülle: In Wasser geweichte, entrindete, gut ausgedrückte Semmeln, Schweinsleber, Schweinefleisch, frischer Speck und Schalotten werden fein gewiegt und gut verrührt. Als Würze fügt man Salz, Pfeffer, Muskatnuß und Majoran hinzu.

Bäuerlicher Festtags-schmaus.

Spanferkel

1 Spanferkel, Salz, Kümmel, Majoran, 1/4 l Bier, 12 dag Speck

Ein Spanferkel wird innen mit Salz, Kümmel sowie Majoran eingerieben und – nachdem man die Ohren und das Schwänzchen mit Folie umhüllt hat – auf ein Blech gesetzt. Unter öfterem Bestreichen mit einem in Bier getauchten Speckstück 2 – 3 Stunden (je nach Größe des Spanferkels) in einem mäßig heißen Rohr braten. Das Spanferkel muß sofort serviert und gegessen werden, da die Kruste sonst wieder weich wird.

Beigabe: Krautsalat (kalt oder warm), gebratene Äpfel.

Surhaxen (Mostviertler Spezialität)

Die Surhaxen, welche 4 - 6 Wochen in der Sur (Salzlake) gelegene Stelzen sind, werden mit Knoblauch eingerieben und in der Bratpfanne mit etwas Fett im Rohr gebraten. Öfters mit Eigenfett begießen.

Beilage: Warmer Krautsalat, Erdäpfel, Essigkren.

Schweinsstelzen, gebraten

Schweinsstelzen, Salz, Kümmel, Knoblauch, Fett, Wasser oder Rindsuppe

Die Schweinsstelzen in soviel heißes Wasser legen, daß die nach unten gekehrte Schwarte bedeckt ist. Man läßt sie ca. 30 Minuten dämpfen, bis die Schwarte weich ist. Dann wird diese in ungefähr 1 cm breiten Abständen mit etwa 1/2 cm tiefen Einschnitten versehen und mit Salz, Kümmel sowie Knoblauch eingerieben. Nun werden die Stelzen mit der Schwartenseite nach oben in die Bratpfanne gelegt, mit sehr heißem Fett übergossen, anfangs nur im eigenen Saft, dann unter mehrmaligem Nachgießen von Wasser weich gebraten. Die Schwarte muß durch öfteres Übergießen mit Saft schön braun und sehr knusprig gebraten werden. Der entfettete Bratensaft wird mit Wasser oder Rindsuppe aufgekocht.

Beigaben: Kartoffeln, Salate.

Delikat!

Bauernschmaus

4 Schweinsbraten, (Karree oder Schopfbraten), 4 Schnitten gekochtes Selchkarree oder Teilsames, 4 Stück Frankfurter oder Bratwürstel, 4 Semmelknödel, 50 dag Sauerkraut, 1/4 l Schweinebratensaft

In der Mitte einer Platte das gedünstete Sauerkraut geben, die Fleischsorten abwechselnd rundherum auflegen und mit Saft umkränzen. Die Knödel und Würstel werden auf das Sauerkraut gelegt.

"Unser Sylvesteressen!"

Schinken in Brotteig

2 kg Beinschinken oder Geselchtes, 2 l Wasser, Suppengrün, 1 1/2 kg Brotteig (vom Bäcker gekauft), Mehl, 2 Dotter, 2 Eßlöffel Milch

Man lagert den Schinken 24 Stunden in kaltem Wasser. Dann im Topf mit heißem Wasser begießen, das grob geschnittene Suppengrün hinzufügen und zugedeckt 1 Stunde langsam kochen. Den Schinken herausnehmen und abtrocknen. Der Brotteig wird auf dem bemehlten Brett zu einem großen Rechteck ausgerollt, um den Schinken darin einzuhüllen. Den Teig mit einer Gabel mehrmals anstechen.

Dotter mit etwas Milch verrühren und die Oberfläche damit bestreichen. Der Schinken in Brotteig wird dann auf ein mit Mehl bestreutes Backblech gegeben und bei mittlerer Hitze (etwa 200 Grad) für 2 Stunden gebacken.

Schinken in Rotwein

1 kleiner Schinken, Wasser, 30 Schalotten, 50 dag Karotten, 40 dag Sellerie, 3 Gewürznelken, 1 l Rotwein, 1 Eßlöffel Zucker

Ein ganzer Schinken wird für ca. 2 Stunden gekocht. Dann löst man die Schwarte ab und gibt ihn zusammen mit den geschälten, ganzen Schalotten, den kugelig aufgestochenen Karotten und Zeller, den gestoßenen Gewürznelken und dem Rotwein in einen passenden Topf. Den Schinken zugedeckt ungefähr 1 Stunde dünsten. Nach 30 Minuten etwas Zucker in die Sauce geben und den Schinken fleißig damit begießen. Wenn das Fleisch weich ist, soll die Sauce ganz kurz eingekocht sein. Beim Anrichten die Schalotten, Karotten- und Zellerkugeln um den aufgeschnittenen Schinken legen und den Saft darübergießen.

Beilage: Kartoffelpüree.

Selchkoteletts mit Gemüse

4 rohe Selchkoteletts, 12 dag Butter, 1 mittlere Zwiebel, 2 Karotten, 10 dag Champignons, 1/2 kleine Sellerie, 1 kleine Salatgurke, Majoran, Knoblauch, Salz, Pfeffer, 1 Kohlkopf, 1/3 kg Kipflerkartoffeln, Wasser oder Rindsuppe

Rohe Selchkoteletts in Butter überbraten und in eine feuerfeste Schüssel geben. Feingeschnittene, in Butter geröstete Zwiebel, kleingeschnittene Karotten, ganze Champignons, großwürfelig geschnittene Sellerie, kleingeschnittene Gurke dazugeben, mit Knoblauch, Salz, Majoran und Pfeffer würzen, darüber den in vier Teile geschnittenen Kohl und die rohen, geschälten Kipfler schichten. Mit Suppe oder Wasser übergießen und im Rohr zugedeckt weich dünsten (Nicht umrühren!).

D) Von Lamm und Hammel

Lammkeule mit Linsen

1 Lammkeule, 30 dag Linsen (am Vortag eingeweicht), 10 dag Fett, 2 Knoblauchzehen, 1 Lorbeerblatt, Essig, Petersilie, Salz, Pfeffer

Knoblauchzehen in Stifte schneiden und die Keule mit diesen spicken, salzen, pfeffern. In einer Pfanne läßt man 6 dag Fett heiß werden und brät die Teile von allen Seiten gut an. Nun wird das Fleisch ins vorgeheizte Rohr geschoben und ca. 60 – 90 Minuten gebraten. Während des Bratens von Zeit zu Zeit etwas Wasser zugießen und das Fleisch mit dem heißen Bratensaft übergießen. 1/2 l Wasser wird mit dem restlichen Fett und Lorbeerblatt zum Kochen gebracht, die Linsen dazugegeben und zugedeckt ca. 20 – 25 Minuten weich gekocht, gesalzen, gepfeffert und mit Essig abgeschmeckt. Die Linsen in eine Schüssel geben, die in Scheiben geschnittene Lammkeule auf den Linsen anrichten und mit feingehackter Petersilie bestreuen.

Gefüllter Hammelbraten

1 kg ausgelöste Hammel- oder Lammschulter, 10 dag Fett, 50 dag faschiertes Rindfleisch, 1 eingeweichte Semmel, 1 Büscherl feingehackte Petersilie, Salz, Curry, Paprika, 1/8 l Rotwein, Pfefferminzpulver

Das Faschierte in etwas Fett anbraten, mit ausgedrückten Semmeln, Petersilie, Salz und Gewürzen zu einer geschmeidigen Fülle verarbeiten. Die Fülle auf das ausgelöste Fleisch streichen und einrollen, binden, mit Salz und Pfefferminz einreiben. Das Fleisch in heißem Fett auf allen Seiten gut anrösten und unter fleißigem Begießen braten (pro 1/2 kg 45 - 60 Minuten). Zum Aufgießen des Bratens Wein verwenden.

Schöpsenkoteletts mit Zwiebelmus

1 kg Schöpsenkoteletts, Salz, Pfeffer, Öl, Kartoffelkugeln
Zwiebelmus: 25 dag Zwiebeln, 3 dag Butter, 2 dag Mehl, Wasser oder Rindsuppe

Die Schöpsenkoteletts werden geklopft, gesalzen, gepfeffert, in Öl getaucht und auf dem Rost medium gebraten. Mit Zwiebelmus bestreichen, für kurze Zeit zum Trocknen ins Backrohr stellen und kreisförmig auf einer Schüssel anrichten, in deren Mitte man die gebackenen Kartoffelkugeln beilegt.

Zwiebelmus: Blättrig geschnittene Zwiebeln werden in Butter angeröstet, mit Mehl gestaubt und nach dessen Anrösten mit Wasser oder Rindsuppe aufgegossen. Das Gemenge wird dicklich eingekocht und passiert oder im Mixer püriert.

Notizen & weitere Rezepte:

Notizen & weitere Rezepte:

fig. 3

Kleine Gerichte und Beilagen

Bruckfleisch

1 kg Bruckfleisch, 12 dag Butter, 1 große Zwiebel, 30 dag Wurzelwerk, Salz, Pfeffer, Majoran, Lorbeerblatt, Thymian, Essig oder Zitronensaft, Zitronenschale, Suppe oder Wasser, Rotwein

Herz, Bries und Leber in Scheiben, Fleisch und Milz in Streifen und Herzröhrchen in Ringe schneiden. Die feingehackte Zwiebel in Butter goldgelb rösten, Wurzelwerk und Zitronenschale dazugeben und mit Essig oder Zitronensaft ablöschen. Das Bruckfleisch (außer Leber, Milz und Bries) beifügen, salzen, würzen und zugedeckt ca. 60 Minuten auf kleiner Flamme dünsten. Die Zitronenschale herausnehmen. Leber, Milz und Bries dazugeben, mit Suppe oder Wasser aufgießen und weich dünsten. Mit Rotwein abschmecken.

Beilage: Waldviertler Knödel.

Karlsbader Gulasch

60 dag Wadschinken, 12 dag Fett, 40 dag Zwiebeln, 4 dag Paprika, 1 Schuß Essig, Kümmel, Majoran, Salz, 2 dag Mehl, 1/4 l saurer Rahm

Die feingeschnittenen Zwiebeln werden in Fett unter ständigem Rühren goldgelb geröstet. Paprika dazugeben, einmal kurz durchrühren und sofort mit Essig und Wasser ablöschen, damit der Paprika nicht bitter wird. Das in Würfel geschnittene Fleisch und die Gewürze anfügen und langsam zugedeckt weich dünsten. Ist der Saft eingegangen, staubt man mit Mehl, läßt einmal kurz durchrösten und gießt mit versprudeltem sauren Rahm auf. Gut verkochen lassen!

Beigabe: Nockerl.

Bohnengulasch

6 – 8 Portionen

40 dag über Nacht eingeweichte Bohnen werden weich gekocht. In 6 dag heißem Fett läßt man 6 dag kleinwürfelig geschnittenen Speck und 1/4 kg feingehackte Zwiebel hellgelb rösten, staubt mit 5 dag Mehl, gibt 1 Kaffeelöffel Paprika, Essig, Salz und eine feinzerdrückte Knoblauchzehe dazu, gießt mit Wasser oder Suppe auf und läßt die Sauce gut verkochen. Man mischt sie dann mit den Bohnen und 40 dag würfelig geschnittener fetter geselchter Wurst oder Selchfleisch und läßt das Ganze noch 15 Minuten kochen.

Kalbsbries mit Champignons

1/2 kg Kalbsbries, Salz, Mehl, 6 dag Butter, 25 dag Champignons, 1/8 l Knochensuppe, Petersilie

Das Bries wird in kaltem Wasser so lange gewaschen, bis kein Blut mehr austritt. In kaltem Wasser zustellen und einmal aufkochen lassen. Abseihen und noch einmal kalt zusetzen, etwa 20 Minuten in siedendem Wasser ziehen lassen. Herausnehmen, in kaltes Salzwasser einlegen und auskühlen lassen. Das so vorbereitete Kalbsbries wird in dikkere Scheiben geschnitten, gesalzen, in Mehl gewendet und in heißer Butter auf beiden Seiten goldbraun gebraten. Herausnehmen, auf einer vorgewärmten Platte anrichten und warm stellen. In den Bratenrückstand werden blättrig geschnittene Champignons gegeben, mit Salz und Zitronensaft gewürzt, mit etwas Mehl gestaubt und kurz durchgeröstet. Mit 1/8 l Wasser oder Suppe aufgießen und kurz durchkochen lassen. Die Champignons werden über das angerichtete Bries gegossen und mit feingehackter Petersilie bestreut.

Gebackene Kalbszunge

2 Kalbszungen, Salz, 12 dag Wurzelwerk, 1 kleine Zwiebel, Thymian, Pfeffer, Mehl, 2 Eier, Semmelbrösel, Fett oder Öl, Petersilie

Die gewaschenen Zungen in Salzwasser mit Wurzelwerk, Zwiebelringen und Thymian halb weich kochen. In kaltes Wasser legen und die Haut abziehen. Der Länge nach in vier Scheiben schneiden, mit Pfeffer und Salz würzen, mit Mehl, verquirltem Ei und Semmelbröseln panieren. In heißem Öl goldgelb backen.

Man serviert die Zunge mit gebackener Petersilie und reicht Sauce Tatare dazu.

Nierndeln mit Hirn

1 Schweinshirn, 3 Schweinsnieren, Milch, 5 dag Fett, 1 große Zwiebel, Salz, Pfeffer, Majoran, Suppe

Die Schweinsnieren von den Häuten und Strängen befreien und auf 20 Minuten in Milch legen. Das Schweinshirn in lauwarmes Wasser legen, die Haut abziehen. Nach dem Abtropfen wird das Hirn grob gehackt. Nieren abtrocknen und feinblättrig schneiden. In einer Pfanne erhitzt man Fett, gibt die kleingeschnittene Zwiebel bei und röstet sie goldbraun. Nieren dazugeben und rasch durchrösten. Nun das Hirn beifügen, mit Salz, Pfeffer und Majoran würzen und rasch fertigrösten. Vor dem Anrichten kann man eventuell etwas Suppe beifügen.

Lammeintopf

1/2 kg Lamm, 10 dag Butter, 2 mittlere Zwiebeln, 3 Knoblauchzehen, 2 rote Paprikaschoten, 2 grüne Paprikaschoten, Suppenpulver, 15 dag Reis, einige Spritzer Essig, Salz, Pfeffer, Majoran

Das Fleisch in Würfel und die Paprikaschoten in Scheiben schneiden, Zwiebeln und Knoblauchzehen fein hacken. In einer Kasserolle läßt man Butter heiß werden, fügt Zwiebeln und Knoblauch bei und läßt diese anrösten. Fleischwürfel, Paprikaschoten und etwas Suppenpulver dazugeben, kurz durchrühren, mit ca. 1 l Wasser aufgießen, salzen, würzen und 45 Minuten kochen lassen. Etwas Essig beifügen. Nun den Reis dazugeben und die Suppe solange weiterkochen, bis der Reis weich ist.

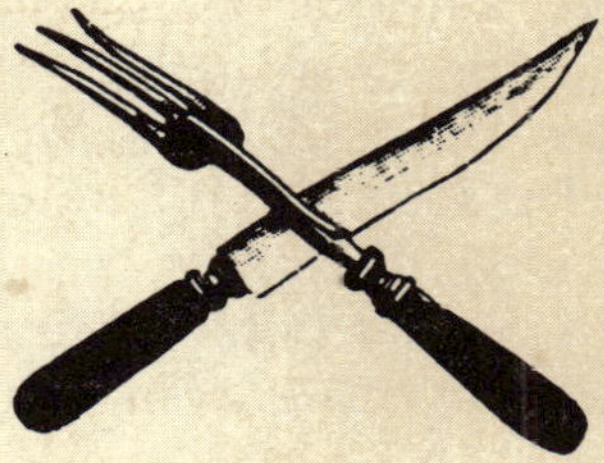

Haussulz

1 kg Schweineschwarten, Schweinshaxl, Schweinskopf, 2 mittlere Zwiebeln, 4 Gewürzkörner, 7 Pfefferkörner, 1 Lorbeerblatt, etwas Wurzelwerk, Salz, Pfeffer, Thymian, 2 mittlere Zwiebeln, feingehackt, Essig

Fleisch und Schwarten mit Wasser übergießen und aufkochen lassen, abschäumen, die Zwiebel, Salz und Gewürze mit Wurzelwerk dazugeben, langsam weichkochen. Das Fleisch herausnehmen und nach dem Überkühlen von den Knochen lösen, klein schneiden und in ein weites Glasgefäß geben. Den Sud entfetten und über das Fleisch gießen, die Sulz kalt stellen. Mit Zwiebeln und Essig servieren.

Wildpastete

50 dag verschiedenes Wildfleisch (Hirsch, Reh, Hase), 25 dag Schweinefleisch, 30 dag grüner Speck, 10 dag Schweinsleber, 1 Schweinsfilet, 1 kleine Zwiebel, 2 Eier, 2 Eßlöffel Weinbrand, 1/8 l Obers, Salz, Pastetengewürz
Einlage: 1 Eßlöffel abgezogene Pistazien, 10 dag Speckwürfel, 1 kleine Dose Champignons, 30 dag Pastetenspeck zum Auslegen der Form

Das Schweinsfilet wird enthäutet, mit Salz und Pastetengewürz eingerieben und in Butter sehr scharf angebraten, erkalten lassen. Wild- und Schweinefleisch, Leber, Speck und in Butter geröstete Zwiebeln werden dreimal faschiert, bis eine feine Masse entsteht. Eier, Weinbrand, Obers und Gewürze hinzufügen und sehr gut verrühren. Speckwürfel 2 Minuten in kochendem Wasser überbrühen, kalt abschwemmen, abtropfen und mit den ebenfalls abgetropften, in Würfel geschnittenen Champignons und den in Stifte geschnittenen Pistazien unter die Masse ziehen. Eine Kuppel- oder Bisquitform wird mit dünnen Speckscheiben ausgelegt, die Hälfte der Masse eingefüllt, das angebratene Schweinsfilet in die Mitte gelegt und der Rest der Fleischmasse darüber verteilt. Mit dünnen Speckscheiben überdeckt, ca. 90 Minuten in Dampf kochen. Die Pastete wird aus der Form gestürzt und nach Erkalten in Scheiben geschnitten, die man entweder in Aspik einlegt oder als kalten Aufschnitt verwendet.

Kremstaler Fleischknödel

50 dag Kornmehl, 20 dag Schweineschulter, 1 kleine Zwiebel, 2 Knoblauchzehen, Salz, Pfeffer, Petersilie, 1 Ei, etwas Butter, saurer Rahm

Das gesiebte Mehl in einen Weidling geben und mit soviel leicht gesalzenem, kochendem Wasser abbrennen, bis unter tüchtigem Durcharbeiten ein nicht zu fester Teig entsteht. Diese Masse in eigroße Stücke teilen, jedes handtellergroß auseinanderdrücken, mit der Fleischfülle belegen, den Teig um die Fülle schlagen und gut schließen. Die Knödel gut andrücken, in sprudelndes, gesalzenes Wasser legen und langsam ca. 20 Minuten kochen lassen. Aus dem Salzwasser heben, in eine mit heißer Butter versehenen Pfanne legen, mit soviel verquirlten saurem Rahm übergießen, daß dieser bis zur halben Knödelhöhe reicht. Im Rohr nochmals 30 Minuten dünsten.

Fleischfülle: Schweinefleisch faschieren, mit in Butter gerösteter, kleingehackter Zwiebel und zerdrückten Knoblauchzehen vermengen, mit Salz, Pfeffer und Petersilie würzen. Mit einem Ei die Masse binden, gut vermischen und eigroße Stücke daraus formen.

Das kann auch Opa noch lesen.

Waldviertler Speckknödel

6 Semmeln, 1/4 l Milch, 25 dag durchzogenen Speck, Petersilie, 2 Eier, 3 Eßlöffel Mehl, Salzwasser

Kleinwürfelig geschnittene Semmeln mit Milch anfeuchten, feingehackte Petersilie dazugeben, ebenso geröstete Selchspeckwürfel. Die Eier einarbeiten, mit Mehl festigen, eine Weile rasten lassen, dann die Knödel formen und in Salzwasser kochen.

Holzhackernockerl

6 dag Schweineschmalz, 6 dag Räucherspeck, 1 Eßlöffel feiner Grieß
Nockerlteig: 30 dag Mehl, 3 dag Butter, Salz, 1 Ei, Milch

Man bereitet einen nicht zu zähen Nockerlteig, der so lange abgeschlagen wird, bis er glatt ist und sich vom Kochlöffel löst. Dann werden von einem befeuchteten Brett mit dem Messerrücken nicht zu große, längliche Nockerl in kochendes Salzwasser eingelegt und gekocht. Das Ganze abseihen, mit kaltem Wasser abschrecken und gut abtropfen lassen. In einer Pfanne mit Schweineschmalz den würfelig geschnittenen Räucherspeck kurz rösten, Grieß mitrösten und die Nockerl darin abschmalzen.

Beigabe: Salate.

Klosterneuburger Knödel

5 Semmeln, 1/16 l Milch, 1/4 kg Selchfleisch, 4 Eier, 14 dag Butter, 4 dag Brösel, Salz, Butter für die Serviette

Die in kleine Würfel geschnittenen Semmeln übergießt man mit Milch und läßt sie etwas stehen. Hierauf rührt man nach und nach Eier, das gekochte, würfelig geschnittene Selchfleisch und Salz darunter und mengt dies zur flaumig gerührten Butter. Die ganze Masse wird mit Bröseln gefestigt, in eine mit Butter ausgestrichene Serviette eingebunden und 60 Minuten in Salzwasser gekocht.

Beigabe: Salate.

In Klosterneuburg und Weidling am Bach wurde bei diesen Knödel noch jeder Mann schwach!

Krauttascherl aus Kartoffelteig

Aus 50 dag gekochten, passierten Kartoffeln, 20 dag Mehl, 1 Ei und Salz knetet man am Brett einen glatten Teig. 6 cm vom Teigrand entfernt legt man in 2 cm breiten Abständen die Krautfülle darauf, schlägt den Teigrand über das Kraut und radelt halbkreisförmige oder viereckige Tascherl aus. Die Tascherl werden 3 – 5 Minuten lang vorsichtig in Salzwasser gekocht und abgeseiht, worauf man sie in die mit Butter gerösteten Semmelbrösel gibt.

Krautfülle: Zur Fülle wird ein Krautkopf klein zerhackt oder feinnudelig geschnitten und in 5 dag heißem Fett, in dem man vorher 2 dag Zukker und 3 dag Zwiebeln bräunen ließ, gedünstet. 2 dag Nährhefe werden in wenig lauwarmem Wasser aufgelöst, zum Kraut gegeben, welches man nach Geschmack salzt, pfeffert und noch einige Zeit dünsten läßt.

Anmerkung: Wünscht man das Kraut sehr pikant, gibt man etwas Cayennepfeffer in die Krautfülle.

Erbseneintopf

40 dag getrocknete, über Nacht geweichte Erbsen, 5 dag Butter, 35 dag Selchfleisch, 1 Zwiebel, 3 Karotten, 1 Stange Lauch, 1 Büscherl Dillkraut, Majoran, Salz

Das Fleisch in Würfel, die Karotten in Scheiben und den Lauch in Ringe schneiden, die Zwiebel fein hacken. In einer großen Kasserolle die Butter heiß werden lassen, Zwiebel darin etwas anrösten, Erbsen mit dem Einweichwasser dazugeben und 90 Minuten kochen. Zusammen mit Gemüse und Selchfleisch weitere 30 Minuten kochen, wenn nötig etwas Wasser zugießen. Salzen, würzen und mit gehacktem Dillkraut bestreuen.

Pilzstrudel
Spezialität aus dem Waldviertel

Strudelteig (siehe Grundrezept S. 96, 1/2 Masse)
Fülle: 4 dag Butter, 1 kleine Zwiebel, 1 Büscherl feingehackte Petersilie, Salz, Pfeffer, 30 dag Herrenpilze (Champignons), Butter

Der ausgezogene Strudelteig wird mit in Butter gerösteten, gehackten Zwiebeln, Petersilie, Salz und Pfeffer gewürzt. Mit blättrig geschnittenen Pilzen belegen, einrollen, in eine Serviette einschlagen und in Salzwasser hängend kochen.

Zum Anrichten mit brauner Butter übergießen.

Gebackene Beuschelröllchen

1/2 kg Kalbsbeuschel, Salzwasser, 3 dag Petersilienwurzel, 3 dag Karotten, 2 dag Sellerie, 2 Gewürznelken, 5 Pfefferkörner, 1 Lorbeerblatt, Thymian, Zitronenschale, 1 Semmel, 2 dag Fett, 1 dag Zwiebeln, etwas Petersiliengrün, 1 Ei, Salz, Oblaten, 4 dag Mehl, 1 Ei, 6 dag Semmelbrösel, 8 dag Fett

Das Beuschel in Salzwasser, mit Wurzelwerk, Gewürzen und Zitronenschale weich kochen und – nachdem es erkaltet ist – mit den in Wasser erweichten, ausgedrückten und faschierten Semmeln vermischen. Diese Masse wird mit in Fett angerösteten, feingeschnittenen Zwiebeln und Petersilie, Ei und Salz sehr gut verrührt zu Röllchen geformt, in Oblaten gewickelt, mit Mehl, Ei und Bröseln paniert und in heißem Fett ausbacken.

Beigabe: Salate. Guten Appetit!

Frittatenknödel

8 Portionen

Frittatenteig: 1/4 l Milch, 5 dag Mehl, 3 dag Backfett
Fülle: 35 dag (roh 1/2 kg) Kalbsbeuschel, Salzwasser, 1 dag Zwiebel, Petersiliengrün, 6 dag Butter, 2 Dotter, Salz und Pfeffer, Klar von 2 Eiern, Salzwasser, Butter für die Serviette, 4 dag Butter, 2 dag Brösel

Zuerst werden die Frittaten bereitet, indem man kalte Milch und Mehl sehr glatt verquirlt, Ei und Salz gut einrührt. In einer Omelettenpfanne läßt man soviel Fett heiß werden, daß nur die Pfanne gut befettet ist, gießt mit einem Schöpfer etwas von der Masse auf, schwenkt die Pfanne, damit die Masse ganz dünn auseinanderfließt und bäckt die Frittaten unter Schütteln der Pfanne auf beiden Seiten gelb.

Fülle: Das Kalbsbeuschel wird in Salzwasser weich gekocht, fein gehackt, mit feingewiegten, in Butter gerösteten Zwiebeln und ebensolcher Petersilie vermischt. Nach dem Erkalten mit saurem Rahm, Dotter, Pfeffer, Salz und dem festen Schnee von Eiklar verrühren. Das Gemenge wird auf die Frittaten gestrichen, diese werden aufeinandergeschichtet und in einer befetteten Serviette knödelförmig gebunden.

60 Minuten in Salzwasser kochen. Man nimmt den Knödel aus der Serviette, schneidet ihn in keilförmige Stücke, die man mit in Butter gerösteten Semmelbröseln bestreut.

Beigabe: Salate

Schont das Geldbörse

Erdäpfellaibchen

1 kg mehlige Kartoffeln, 25 dag geräucherte Wurst oder Knackwürste, 1 Ei, Salz, Pfeffer, Majoran, 2 Knoblauchzehen, 1 mittlere Zwiebel, Fett zum Backen

Gekochte Erdäpfel werden geschält, mit der Wurst durch die Fleischmaschine getrieben, man fügt Ei, zerdrückte Knoblauchzehen, feingeschnittene Zwiebel, Salz, Majoran, Pfeffer sowie das Mehl bei, vermengt alles gut und formt aus dieser Masse kleine Laibchen, drückt sie flach und bäckt sie in heißem Fett. Dazu serviert man verschiedene Salate.

Gestürztes Sauerkraut

4 dag Speck, 3 dag Zwiebeln, 1 Prise Zucker, 40 dag Sauerkraut, einige Spritzer Essig, Salz, Wasser, 25 dag Kartoffeln, 40 dag Selchfleisch, 1/8 l saurer Rahm, Butter und Brösel für die Auflaufschüssel

Kleingeschnittenen Speck mit feingehackten Zwiebeln gelb anrösten. Dann gibt man eine Prise Zucker, 2 – 3mal geschnittenes Sauerkraut darauf, salzt vorsichtig und läßt es mit wenig Wasser sowie einigen Spritzern Essig weich dämpfen. Danach legt man in eine befettete und mit Bröseln bestreute Auflaufschüssel eine Schicht gedünsteten Sauerkrautes, darüber eine Schicht gekochter, geschälter, in Scheiben geschnittener Kartoffeln, dann eine Schicht kleinblättrig geschnittenen Selchfleisches, hierauf wieder Sauerkraut usw., bis man mit einer Schicht Sauerkraut abschließt. Nun übergießt man das Ganze mit saurem Rahm und läßt es 30 Minuten im Rohr backen. Vor dem Auftragen wird es vorsichtig auf eine Schüssel gestürzt und serviert.

Schinken-Blumenkohl

1 Karfiol, 30 dag Selchfleisch, 2 Dotter, 1/8 l Rahm, 2 dag Semmelbrösel, 2 dag Parmesan, 3 dag Butter, Butter und Brösel für die Form

Der Karfiol wird in Salzwasser gekocht, in Röschen zerteilt und gut abgetropft. Selchfleisch wird weich gekocht, faschiert oder zerhackt. In eine mit Butter ausgestrichene und mit Bröseln bestreute Gratinierschüssel legt man abwechselnd eine Schicht Karfiolröschen und eine Schicht Selchfleisch, bis die Menge aufgebraucht ist. Den Abschluß soll Karfiol bilden.

Rahm wird mit Dottern und etwas Salz abgesprudelt, darübergegossen. Mit geriebenem Parmesan und Semmelbröseln bestreuen, mit zerlassener Butter betropfen und für die Dauer einer halben Stunde ins Rohr stellen.

Schinkennockerl

1/8 l Milch, 10 dag gekochtes, feingehacktes Selchfleisch, 10 dag Mehl, 12 dag Butter, 2 Eier, feingewiegte Petersilie, Salz, Pfeffer, Reibkäse

Die Milch mit etwas Butter zum Kochen bringen, salzen und pfeffern. Das Mehl einrühren und einige Minuten auf großem Feuer weiterrühren, bis sich der Teig vom Boden löst. Vom Feuer nehmen, Eier nacheinander im Teig sehr glatt verrühren, das Geselchte zufügen. Mit einem nassen Löffel Nockerl ausstechen und in kochendes Salzwasser einlegen, kochen, abseihen und abschrecken. Herausnehmen, gut abtropfen lassen, mit zerlassener Butter übergießen und mit Reibkäse bestreuen.

Beigabe: Salate.

Schinkenstrudel

8 Portionen

Strudelteig (siehe Grundrezept S. 96), Butter
Fülle: Butter, 60 dag faschierter Schinken, 8 Dotter, 1/2 l saurer Rahm, Pfeffer

Den Strudelteig ausziehen, mit zerlassener Butter bestreichen. Den faschierten Schinken mit Dotter und Milchrahm verrühren, pfeffern, auftragen und den Strudel zusammenrollen. Auf ein befettetes Blech legen, mit zerlassener Butter bestreichen und ca. 30 Minuten im Rohr backen.

Schinkenkipferl (aus Topfenteig bereitet)

10 dag Butter, 10 dag Mehl, 10 dag passierter Topfen, Salz, 1/4 kg Selchfleisch (Schopf), 1 Ei zum Bestreichen, Salz, Kümmel

Butter, Mehl, Topfen und etwas Salz mengt man auf dem Brett zu einem Teig, den man im Kühlschrank 30 Minuten rasten läßt, dann auswalkt und in viereckige Stücke von 12 cm Kantenlänge schneidet. In die Mitte eines jeden Viereckes gibt man gekochtes, gehacktes Selchfleisch (wer es pikant wünscht, gibt eine Prise Cayennepfeffer dazu), formt Kipferl, gibt sie auf ein Blech, bestreicht sie mit dem zerschlagenen Ei, bestreut sie mit Salz und Kümmel und bäckt sie bei mittlerer Hitze.

Waldviertler Erdäpfelknödel

1/2 kg gekochte Erdäpfel, 1/2 kg rohe Erdäpfel, 3 – 4 dag Mehl, 3 dag Butter, Salz

Gekochte Erdäpfel werden faschiert oder gerieben, rohe Erdäpfel reiben und sehr gut ausdrücken. Die beiden Erdäpfelmassen miteinander verkneten, Mehl und die zerlassene Butter dazugeben. Man formt Knödel, legt sie in leicht kochendes Salzwasser ein und läßt sie auf kleinem Feuer ungefähr 15 Minuten gar kochen.

Strapaziknödel

Siehe Rezept für Erdäpfelknödel. Dazu mischt man noch 8 dag passierten Topfen, 1 Ei und etwas Grieß.

Ybbstaler Grießknödel

1/2 kg Grieß, 6 dag Schweinefett, Salz, Suppe

Man läßt Fett heiß werden und brennt damit den gesalzenen Grieß ab, verrührt gut und gibt soviel kochende Suppe dazu, daß ein mittelfester Teig entsteht. Kurz stehen lassen, dann daraus Knödel formen, in Salzwasser kochen.

Grießknödel

6 dag Butter, 1/4 l Milch, 11 dag Grieß, 2 Eier, 2 Semmeln,
3 dag Butter, Salz

Milch und Butter läßt man zusammen aufkochen, gibt den Grieß hinein und rührt am Feuer so lange, bis ein sehr dicker Knödel entsteht. Nach dem Auskühlen rührt man Eier, Salz und würfelig geschnittene, in Butter geröstete Semmeln ein. Man läßt die Masse etwas stehen, formt Knödel und kocht sie 10 Minuten in gesalzenem Wasser.

Beim Erdäpfelsterz hüpft jedes ♡

Erdäpfelsterz

1/2 kg Erdäpfel, Salz, 20 dag Maisgrieß (Polenta), 2 dag
Schweineschmalz, 15 dag Selchspeck

Die Erdäpfel werden geschält, geviertelt, knapp mit Salzwasser bedeckt und halbweich gekocht. Nun den Maisgrieß und das Schweineschmalz dazugeben. Der sich bildende Klumpen wird 20 Minuten lang zugedeckt gedünstet. Danach einen Teil des Wassers abgießen und die Masse gut verrühren. In einer Pfanne läßt man kleinwürfelig geschnittenen Speck glasig werden, verteilt die Masse darauf und läßt sie im Rohr unter zeitweiligem Umrühren mittels einer Bratgabel ausdünsten.

Notizen & weitere Rezepte:

fig. 4

Fische und Schalentiere

Böhmischer Karpfen

8 – 10 Portionen

2 kg Karpfen, Salzwasser
Sauce: 1 l Wasser, 1/8 – 1/4 l Essig, Salz, 6 dag Petersilienwurzel, 3 dag Sellerie, 4 dag gelbe Rüben, 8 Pfefferkörner, 3 Eßlöffel Sirup, 6 dag unglasierter Lebkuchen, 5 dag Mandeln, 10 Dörrpflaumen, 5 dag Nußkerne, 2 dag Rosinen

Der Karpfen wird entschuppt, ausgenommen, gewaschen, in Stücke geteilt und ohne Kopf ca. 20 Minuten langsam in Salzwasser gekocht.

Sauce: Der Kopf wird in Wasser mit Essig, Salz, Wurzelwerk und Pfefferkörnern ca. 30 Minuten gekocht. Dann gibt man Sirup, welchen man eventuell durch Zucker ersetzen kann, und den geriebenen dunklen Lebkuchen dazu, läßt die Sauce noch weitere 15 Minuten kochen, passiert sie (Mixer), vermengt sie mit abgezogenen, länglich geschnittenen Mandeln, ebensolchen gedörrten Pflaumen, geviertelten Nüssen und Rosinen. Mit dieser Sauce wird der gekochte Fisch übergossen.

Verbesserung: Man kann einen Teil des Essigs durch herben Rotwein ersetzen.

Beigabe: Knödel.

Mit diesem "Karpf" im Magen – kannst Du viel Schmass ertragen

Donaukarpfen

80 dag Karpfen, Salz, Pfeffer, Zitronensaft, etwas Zitronenschale, Mehl, 8 dag Fett, 1 kleine Zwiebel, 1 Büscherl Petersilie, 15 dag Champignons, 2 Eßlöffel Paradeismark, 1/8 l saurer Rahm, 3 dag Mehl, 1/8 l trockener Weißwein

Die kochfertigen Karpfenportionen mit Zitronensaft beträufeln. Kurz ziehen lassen, salzen, pfeffern und auf allen Seiten in Mehl tauchen. In heißem Fett leicht überbraten, aus diesem herausnehmen und warm stellen. Im Bratenrückstand die feingehackte Zwiebel rösten, gehackte Petersilie aufschäumen lassen, die feinblättrig geschnittenen Champignons mitrösten, feingehackte Zitronenschale und Paradeismark beigeben. Saurer Rahm mit Mehl wird gut versprudelt und untergerührt. Dann den Weißwein beifügen. Die Sauce soll sämig mollig sein.

Kurz durchkochen lassen, abschmecken, die Karpfenstücke wieder einlegen und zugedeckt langsam 20 Minuten dünsten.

Knoblauchkarpfen

8 Portionen

2 kg Karpfen
Farce: 10 dag Butter, 3 zerdrückte Knoblauchzehen, Sellerieblätter, 1 Büscherl feingehackte Petersilie, Salz, Pfeffer, Zitronensaft, Weißwein

Schwanz und Rückenflossen des ausgenommenen Karpfens abtrennen, Rückgrat mit Geflügelschere von innen portionsweise einschneiden, außen in Grätenrichtung mehrmals einschneiden.

Farce: Zerdrückter Knoblauch, Sellerieblätter und Petersilie mit Salz und Pfeffer, Zitronensaft und zerlassener Butter vermengen. Den Karpfen innen und auf einer Seite außen mit Farce bestreichen, in eine Bratpfanne legen, die restliche Farce in die Einschnitte streichen, bei mittelheißem Rohr ca. 30 Minuten braten. Nach der halben Bratzeit etwas Wein hinzugeben; Fisch öfters mit dem eigenen Saft übergießen.

Gefüllter Karpfen

8 Portionen

2 kg Karpfen, Salz, 10 dag Butter
Fülle: 3 Semmeln, 1/4 l Milch, 6 dag Butter, 2 Sardellen, 2 Dotter, Pfeffer und Salz, 1 dag Zwiebel, 10 dag Champignons, 1 Büscherl Petersiliengrün, 1 dag Butter

Den Karpfen schuppen, die Flossen abschneiden, vom Rücken her auslösen, indem man den Karpfen am Rücken aufschneidet. Die Wirbelsäule mit den Gräten und die Innereien oben vorsichtig herausziehen.

Vorsicht bei der Galle! Darauf achten, daß die Haut nicht durchgeschnitten wird. Die Fülle hineingeben und am Rücken zunähen.

Fülle: Das an den Gräten verbliebene Fleisch, die von der Galle befreite, gut gewaschene Leber und die „Karpfenmilch" werden sehr fein gehackt, mit in Milch erweichten, ausgedrückten, passierten Semmeln, ein wenig Butter, geputzten, passierten Sardellen, Dottern, Salz, Pfeffer, in Butter gerösteten Zwiebeln, Champignons und gehackter grüner Petersilie vermischt. Dieses Gemenge wird in den gesalzenen Fisch gefüllt, den man zunächst in Butter brät und dann mit dem Bratensaft anrichtet.

Beigabe: Salzkartoffeln, Reis.

Aal in Dillsauce

Der Kopf des lebenden Aals wird rasch in ein Tuch gehüllt, auf das man mit der umgekehrten flachen Hacke mehrere Male fest einschlägt. Hierauf trennt man noch durch einen tiefen Schnitt hinter dem Kopf das Gehirn vom Rückenmark. Man hängt dann den Aal beim Kopf mit Spagat an einen Haken und reibt ihn mit Salz von oben nach unten so lange ab, bis er blau aussieht. Nun teilt man ihn in gleichmäßige Stücke und reinigt diese, indem man mit einem dünnen Kochlöffelstiel die Eingeweide herausstößt. Jedes Stück von den inneren Häuten befreien, mit Salz einreiben und gut waschen.

Die Aalstücke werden in einem kochenden Sud von Wasser, Wurzelwerk, Zwiebel, Lorbeerblatt und Essig ungefähr 15 Minuten weich gekocht, aus dem Sud herausgenommen und warm gestellt. Der Aalsud wird durchgeseiht und in einem irdenen Gefäß unter Beigabe einer lichten Einmach zu einer molligen Sauce verkocht, die mit gehacktem Dillkraut, Pfeffer und Salz gewürzt wird.

Beigabe: Salzkartoffeln.

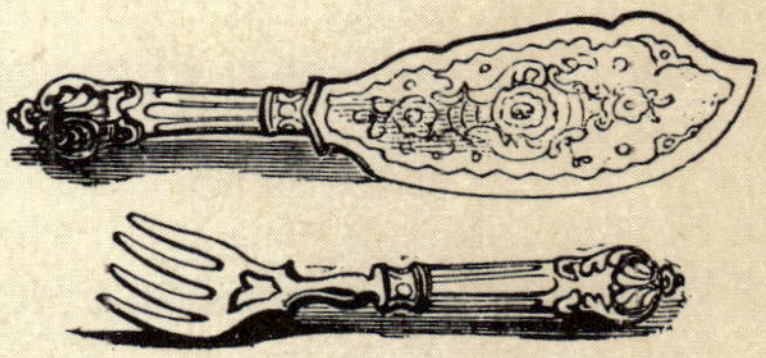

Krebse – Grundrezept

32 Krebse, 3 l Wasser, 4 dag Salz, 1 dag Kümmel, einige Dillstengel, etwas Petersilie und Selleriegrün

Die lebenden Krebse werden unter fließend kaltem Wasser gebürstet und sauber gewaschen. In das kochende Wasser gibt man Salz, Kümmel, Dill und das Grün. Dann wirft man die gereinigten Krebse mit dem Kopf voran in das kochende Wasser, und zwar nach und nach (das Wasser soll dabei nie zu Kochen aufhören, damit die Tiere nicht leiden müssen und sofort getötet werden). Sobald alle Krebse im Wasser sind, die Temperatur etwas zurückschalten.

Kochdauer: 8 – 10 Minuten

Die Krebse aus dem Wasser herausnehmen, das noch warme Fleisch vorsichtig aus den Schwänzen und Scheren lösen und weiterbehandeln.

Krebse, gebacken

Gekochte und ausgelöste Krebsstücke mit Mehl, verquirltem Ei und Brösel panieren, in mittelheißem Fett schwimmend backen.

Beilage: Sauce Tatare.

Krebse in Rahm

12 Solokrebse, Salz, 1 dag Kümmel, 1 Bund Dillkraut
Sauce: 4 dag Butter, 4 dag weiße Semmelbrösel, 1 Eßlöffel gehackte Petersilie, 1/4 l Rahm, 1/8 l trockener Weißwein, Salz, Pfeffer, Zitronensaft

Die Krebse werden gekocht und ausgelöst (wie im Grundrezept S. 61). Das Krebsfleisch wird auf einer Schüssel angerichtet und mit Sauce übergossen.

Sauce: In heißer Butter Semmelbrösel und Petersilie leicht anlaufen lassen, sauren Rahm und Wein dazugeben, salzen, pfeffern und mit Zitronensaft würzen. Alles gut verkochen lassen.

Weinbergschnecken mit Kren

Der kalkhaltige Verschluß der Schnecken wird entfernt. Danach werden sie mehrere Stunden unter fließendem Wasser geschwemmt. In kochendes Salzwasser geben und etwa 5 Minuten lang kochen, mit einer Spicknadel aus dem Gehäuse lösen, Kopf, Darm und Schwanz abschneiden. Gut mit Salz einreiben und unter fließendem Wasser gründlich spülen. Hernach kocht man sie mit Suppenwurzelwerk, Zwiebel, Thymian und Salbei in Salzwasser weich (4 – 6 Stunden) und übergießt sie, der Brühe entnommen, noch warm mit Öl und Essig. Dazu wird frisch gerissener Kren gereicht.

Gebackene Schnecken

Die gekochten Schnecken mit Salz und Knoblauch marinieren. Mit feingehackten Schalotten, zerdrücktem Knoblauch, Salz und Pfeffer in heißer Butter schenken, dann erkalten lassen, durch einen mit Schnittlauch vermischten Backteig ziehen, in mittelheißem Fett goldgelb ausbacken. Mit gebackener Petersilie und Zitronenspalten anrichten.

Man kann die gekochten Schnecken vor dem Backen auch mit Öl, Zitronensaft, geschnittenen Schalotten und gehackter Petersilie marinieren.

Notizen & weitere Rezepte:

fig. 5

Wild und Geflügel

Fasan „Dürnstein“

2 Fasane, Salz, Pfeffer, gestoßene Wacholderbeeren, 4 dünne Speckscheiben, 5 dag Butter, 8 frische Marillen, 8 Morcheln, 1/5 l Wildfond

Die gerupften, ausgenommenen und gewaschenen Fasane gut trocknen. Innen und außen mit Salz, Pfeffer und zerdrückten Wacholderbeeren einreiben, die Brustseite mit 2 Speckscheiben umhüllen, mit Spagat binden. Dann in einer Bratpfanne mit etwas Fett braten, zuerst auf der einen, dann auf der anderen Brustseite und immer wieder mit Bratensaft begießen (Bratdauer etwa 30 Minuten). Kurz vor Ende der Bratzeit den Fasan auf den Rücken legen und die Speckscheiben entfernen, damit die Brust noch Farbe nehmen kann. Kein Wasser beigeben! Nun werden die gebratenen Fasane herausgenommen und warm gestellt. In der Bratbutter die Marillen und Morcheln kurz überbraten, herausnehmen und warm stellen. Die Bratbutter abgießen, mit Wildfond (sollte man solchen nicht haben, mit etwas Rindsuppe) ablöschen und aufkochen. Die tranchierten und angerichteten Fasane mit der Sauce, den Marillen und Morcheln garnieren.

Beilage: Rotkraut, Serviettenknödel.

Kehrst Du in der Wachau ein, so bestell Du einen Fasan „Dürnstein“.

Rebhuhn im Speckhemd

4 junge Rebhühner, Salz, Pfeffer, 4 große Selchspeckscheiben, Fett, 3 dag Butter, Knochensuppe oder Wasser

Den jungen Rebhühnern wird die Haut, die man eingeschnitten hat, mit den Federn abgezogen. Sie werden ausgewaschen und gut innen und außen abgetrocknet, gesalzen, gepfeffert und in eine große Speckscheibe eingewickelt, mit Spagat gebunden. In heißem Fett 25 - 30 Minuten braten. Während der Garzeit wiederholt mit Saft begießen, eventuell unter Zusatz von Wasser. Wenn die Rebhühner weich sind, herausnehmen, Spagat entfernen und halbieren. Das überschüssige Fett aus der Bratpfanne leeren, durch etwas Butter ersetzen, den Bratenrückstand mit Wasser oder Suppe verkochen und über die angerichteten Rebhühner seihen.

Beilage: Preiselbeeren, Hagebuttengelee, Rotkraut, Specklinsen, Kartoffelkroketten.

Wildente, gebraten

3 - 4 Portionen

1 Wildente, Salz, Pfeffer, 1/2 Zitrone, 1 Speckscheibe, 2 dag Mehl, Suppe oder Bratensaft

Das Tier rupfen, die Nacht über in Eiswasser auswässern, dann innen und außen mit einem trockenen Tuch abwischen. Wegen des tranigen Geschmacks ist es ratsam, die Haut abzuziehen. Das vorbereitete Tier binden, salzen, pfeffern und mit geriebener Zitronenschale einreiben. Die Brust mit einer Speckscheibe belegen und mit dieser nach unten in eine Bratpfanne legen. Mit etwas Butter übergießen, bei mäßiger Hitze braten. Nach halber Garzeit wenden und unter häufigem Begießen mit dem Eigensaft fertig braten. Außen schön goldgelb braten, innen soll sie leicht blutig bleiben. Den Bratenrückstand mit Mehl stauben, Suppe oder Bratensaft aufgießen, mit Zitronensaft sowie frisch gemahlenem schwarzen Pfeffer würzen und separat zur tranchierten Wildente reichen.

Hasenkoteletts

2 Hasenrücken, Speckstreifen, Salz, Pfeffer, Zitronensaft, 10 dag Butter, Mehl, Rotwein, 4 Äpfel, 4 Eßlöffel Hagebuttengelee

Von den abgehäuteten Hasenrücken werden die Rückenfilets der Länge nach abgelöst, in schräge, fingerdicke Scheiben geschnitten, leicht geklopft, mit Speckstreifen gespickt, gesalzen und gepfeffert, mit Zitronensaft beträufelt und in Butter rasch medium gebraten. Den Bratensaft mit Mehl stauben, mit Rotwein ablöschen und einige Tropfen Zitronensaft dazugeben, würzen und loskochen. Das Fleisch auf warmer Platte anrichten, mit halben, gedünsteten oder gebratenen Äpfeln umlegen, die mit Hagebuttengelee gefüllt wurden. Mit dem geseihten Saft übergießen.

Beilage: Kartoffelkroketten.

Rehragout

8 Portionen

1 1/2 kg Rehschulter, 10 dag Fett, 8 dag Petersilienwurzel, 8 dag Karotten, 4 dag Sellerie, 8 dag Zwiebeln, 1 dag Zucker, Wasser oder Rindsuppe, 20 Pfefferkörner, 10 Neugewürzkörner, 5 Wacholderbeeren, 1 Lorbeerblatt, 1 Prise Thymian, etwas Muskatnuß, Salz, 7 dag Mehl, 1/16 l Rotwein, 1/4 l saurer Rahm, Zitronensaft, Essig, 1 Eßlöffel Madeirawein

Man läßt in heißem Fett zuerst Wurzelwerk, dann Zwiebeln und Zucker rösten. Nun gibt man in Würfel geschnittene Rehschulter bei, salzt, fügt die anderen Gewürze hinzu und läßt das Fleisch unter öfterem Nachgießen von Wasser oder Rindsuppe weich dämpfen. Das Fleisch wird herausgenommen, der Saft entfettet, gestaubt und nach Anrösten des Mehls mit Wasser oder Rindsuppe aufgegossen, verkocht und passiert. In die Sauce werden Rahm, Zitronensaft, Rotwein und Madeirawein gegeben und das Fleisch darin noch gedämpft. Man kann eventuell noch etwas Essig zufügen.

Beigabe: Nockerln, Knödel, Hörnchen.

Hirschschnitzel in Wacholdersauce

4 Hirschschnitzel vom Schlögel von je 18 dag, Speckstreifen, Pfeffer, Salz, Mehl, 6 dag Fett, 3 dag Butter, 12 Wacholderbeeren, 2 dag Mehl, 1/8 l Obers, Rindsuppe, Wacholderbrand

4 große Schnitzel schneidet man an den Rändern leicht ein, klopft sie etwas, spickt sie kreuzweise mit Speck, salzt und pfeffert, taucht sie auf einer Seite in Mehl und legt sie mit dieser Seite in heißes Fett. Auf beiden Seiten rasch braten. Das Bratfett abgießen, 3 dag Butter dazugeben, aufschäumen und die fein zerdrückten Wacholderbeeren darin anlaufen lassen, mit Mehl stauben, etwas durchrösten, mit 1/8 l Obers und Suppe aufgießen, verkochen, mit Wacholderbrand abschmecken und die Hirschschnitzel noch einige Minuten darin ziehen lassen (Nicht kochen!).

Beilage: Preiselbeeren, Hörnchen oder Nudeln.

Das essen alle männer gern.

Gefülltes Suppenhuhn

1 Suppenhuhn, 12 dag Butter, etwas Wurzelwerk, 30 dag Faschiertes, 1 Semmel, Majoran, Pfeffer, Salz

Die Innereien des Huhnes werden faschiert und mit dem anderen Faschierten sowie der eingeweichten, ausgedrückten Semmel gut vermischt und gewürzt. Man füllt mit dieser Masse das Suppenhuhn, näht es zu und kocht es zusammen mit dem Wurzelwerk halb weich. Das Huhn aus der Suppe nehmen, abtropfen lassen und abtrocknen. Nun wird es im Rohr wie ein Brathuhn gebraten und mit etwas Suppensud aufgegossen.

Indian, gefüllt

8 Portionen

1 Indian von ca. 4 kg, 12 dag Fett, Salz, Pfeffer, Wasser oder Rindsuppe, 1/8 l Rotwein
Fülle: 1/2 kg blättrig geschnittene Herrenpilze (Champignons), 2 Scheiben Weißbrot, 1/8 l Milch, 1/8 l Rotwein, 30 dag faschiertes Fleisch (Schweinefleisch), 1 Ei, Salz, Pfeffer

Fülle: Das Weißbrot wird in lauwarmer Milch geweicht, durchgerührt und die angegebenen Zutaten sowie die kleingeschnittene Leber des Indians daruntergemengt.

Der Indian wird innen und außen mit Salz und Pfeffer eingerieben, gefüllt. Nun wird er in heißem Fett unter öfterem Begießen mit dem Bratensaft und Zugießen von Wasser oder Rindsuppe gebraten. Wenn das Fleisch weich ist, seiht man das Fett ab und gießt den Natursaft mit Wein auf. Der gebratene Indian wird auf vorgewärmter Platte mit Alufolie umschlossen, damit die Hitze erhalten bleibt, da er vor dem Servieren 10 Minuten stehen soll. Hernach läßt sich das Fleisch viel besser schneiden.

Beilage: Serviettenknödel, Rotkraut.

Gans, gefüllt

Üppig aber sooo gut!

8 Portionen

1 Gans, Majoran, Salz
Fülle: 5 Schalotten, 18 dag gebratene Maroni, 6 dag Butter, 1/16 l Rotwein, Gansleber, 2 eingeweichte Semmeln, Rosmarin, Majoran, Salz

Fülle: Schalotten und Maroni grob hacken, in Butter anrösten, die Gansleber in Würfel schneiden, mit den ausgedrückten Semmeln, Salz und Gewürzen gut mischen und in einer Pfanne mitrösten. Mit Wein aufgießen und ca. 10 Minuten dünsten.

Die Gans außen und innen mit Majoran einreiben und füllen. Nun zunähen, in zweifingerhoch mit Wasser gefüllter Bratpfanne zugedeckt im Rohr zuerst 30 Minuten dünsten, dann unter fleißigem Begießen mit dem Bratfett fertig braten. Die Gans wird während des Bratens leicht angestochen, damit das Fett ausfließen kann. Sollte die Gans sehr fett sein, wird der Saft mehrmals entfettet, indem man etwas kaltes Wasser angießt. Dann steigt das Fett an die Oberfläche.

Beigabe: Serviettenknödel, Rotkraut.

Gansljunges

Gansljunges (Hals, Magen, Herz, Kopf, Flügel und Füße) von 2 Gänsen, 15 dag Wurzelwerk, 1 mittlere Zwiebel, Fett, 1 1/2 l Suppe, 4 dag Butter, 5 dag Mehl, 15 dag Champignons, 1/2 Karfiolrose, 10 dag Erbsen, 1/16 l Obers, 1 Eidotter, Pfeffer, Salz, Muskatnuß, Zitronensaft

Das Gansljunge wird geputzt, gewaschen und in gleichgroße Stücke geschnitten. Geputztes, grobblättrig geschnittenes Wurzelwerk und Zwiebel in Fett anrösten, das Junge hinzugeben, mit Suppe aufgießen, weich kochen. Aus Butter und Mehl eine leichte Einbrenn bereiten, mit dem geseihten, entfetteten Sud aufgießen und verkochen, passieren. In diese Sauce die blättrig geschnittenen, in Butter gerösteten Champignons, separat gekochte Karfiolröschen, Erbsen und das Gänseklein einlegen, mit Salz, Pfeffer, Muskat und Zitronensaft abschmecken, kurz ziehen lassen und vor dem Anrichten mit Obers und Eidotter legieren. Nicht mehr aufkochen lassen!

Beilagen: Reis oder kleine Bröselknödel.

Notizen & weitere Rezepte:

fig. 6

Gemüse und Salate

Apfelsauerkraut

2 mittlere Zwiebeln, 3 dag Schweinefett, 75 dag Sauerkraut, Weißwein (oder Most), 2 Äpfel, 3 dag Speck

In heißem Fett läßt man die feingeschnittenen Zwiebeln aufschäumen, gibt einen Teil des aufgelockerten und einige Male durchschnittenen Sauerkrautes bei (50 dag) und soviel Flüssigkeit, daß das Kraut saftig dünsten kann. Geschälte, in kleine Würfel geschnittene Äpfel und braungeröstete Speckwürfel unter das Sauerkraut mengen. Dieses wird nun etwa 60 Minuten gedünstet, kurz vor dem Anrichten mischt man noch 25 dag frisches Sauerkraut dazu, damit das Gericht ein besonders kräftiges Aroma hat.

Eingebranntes Sauerkraut

8 Beilageportionen

1 kg Sauerkraut, 10 zerdrückte Wacholderbeeren, 10 dag Schweineschmalz, 1 große, nudelig geschnittene Zwiebel, 4 dag Mehl, Selchfleischsuppe, 1 Prise Zucker, Salz

Das Sauerkraut wird einige Male durchgeschnitten, dann mit Wacholderbeeren in Wasser weich gekocht. In heißem Fett werden die Zwiebel goldgelb geröstet, mit Mehl gestaubt und unter ständigem Rühren dem dünstenden Sauerkraut beigegeben. Alles noch eine Zeit lang dünsten, bevor man dann mit dem Selchsud aufgießt. Zum Schluß noch eine Prise Zucker beifügen. Je länger das Kraut nach dem Einbrennen kocht, desto besser wird es.

Rotkraut

6 dag Fett, 1 dag Zwiebeln, 4 dag Zucker, 1 Stück Rotkraut (ca. 80 dag), Salz, Kümmel 1 Apfel, Wasser, 1/8 l Rotwein, Essig

In heißem Fett wird Zucker mit feingeschnittener Zwiebel angeröstet, dann feinnudelig geschnittenes, gesalzenes Rotkraut und der entkernte, geschälte, blättrig geschnittene Apfel hinzugefügt, gesalzen und nach Geschmack Kümmel beigegeben. Man gießt mit Wasser oder Rindsuppe auf, fügt Rotwein und etwas Essig hinzu und läßt das Kraut weich dünsten.

Anmerkung: Das Rotkraut erhält eine schönere Farbe, wenn man es gleich nach dem Schneiden mit Essig begießt. Gut zum Rindfleisch

Porreegemüse

80 dag Porree, 3 dag Fett zum Dünsten, 50 dag Kartoffeln, Salz
Einbrenn: 3 dag Fett, 4 dag Mehl

Der nudelig geschnittene Porree wird in Fett mit Salz im eigenen Saft halbweich gedünstet, zur verkochten, hellen Einbrenn gegeben. Die großwürfelig geschnittenen Kartoffeln daruntermischen, aufgießen und langsam kochen, bis die Kartoffeln weich sind. Wer es liebt, kann noch Muskatnuß und etwas Pfeffer beifügen.

Saure Rüben

1/2 kg saure Rüben, Salz, 1 Prise Zucker, 3 dag Fett oder 5 dag Speck, 3 dag Mehl, 2 dag Zwiebeln, Salz, Wasser oder Rindsuppe

Falls die Rüben zu sauer sind, so müssen sie vor dem Kochen ausgedrückt werden.

Die geschnittenen sauren Rüben werden mit Zucker 45 Minuten gekocht. Nun macht man eine lichte Einbrenn aus Fett, gehackten Zwiebeln sowie Mehl, gießt mit Wasser oder Suppe auf, gibt die Rüben hinein und läßt sie gut verkochen. Saure Rüben werden durch öfteres Aufwärmen noch wohlschmeckender.

Spargelkürbis

Den Kürbis schälen, in ungefähr 1/2 cm dicke Scheiben schneiden, salzen, pfeffern, durch Milch und Mehl ziehen und in heißem Öl oder Fett schwimmend rasch zu goldbrauner Farbe ausbacken. Dazu Paradeissauce servieren. Die Scheiben kann man auch durch einen Backteig ziehen und backen oder nur in Öl braten.

Eierschwammerl in Rahmsauce

1/2 kg Eierschwammerl, 7 dag Butter, 1 mittlere Zwiebel, Salz, Pfeffer, Kümmel, 2 dag Mehl, 1/8 l sauren Rahm, 2 Eier, Petersilie

Man läßt in heißer Butter die feingeschnittene Zwiebel einmal aufschäumen, gibt die geputzten, blättrig geschnittenen Eierschwammerl dazu und dünstet sie. Nun werden sie mit Mehl gestaubt, dieses noch etwas mit den Schwammerln angeröstet und der saure Rahm beigefügt. Mit Salz, Pfeffer und etwas gehacktem Kümmel würzen. Zum Schluß die zerschlagenen Eier einrühren und stocken lassen. Mit gehackter Petersilie bestreuen.

Anmerkung: Diese Speise wird durch Hinzufügen einiger Tropfen Zitronensaft pikanter.

Eierschwammerlgulasch

1 kg Eierschwammerl, 10 dag Butter, 1 große Zwiebel, 2 dag Paprika, Wasser oder Rindsuppe, Salz, etwas Kümmel, 1/4 l saurer Rahm, 4 dag Mehl, Essig

Die feingeschnittene Zwiebel in heißer Butter hellgelb anrösten, paprizieren, mit wenig Wasser oder Rindsuppe ablöschen und die geputzten, grobgehackten Pilze beigeben und im eigenen Saft halbweich dünsten. Mehl und Rahm gut verrühren und hinzufügen, kurz aufkochen, mit Salz, Kümmel, Essig abschmecken und ziehen lassen. Beigabe: Serviettenknödel.

Eingemachte Erbsen

1/2 kg Zuckererbsen, 12 dag feinwürfelig geschnittener Speck, 10 dag junge Zwiebeln oder Schalotten, Wasser oder Rindsuppe, Salz, Pfeffer, 1 Büscherl Petersilie, Mehl-Butter (aus 2 dag Butter, 1 dag Mehl und etwas Milch)

Die Speckwürfel rösten, darin die Zwiebeln anrösten und die rohen Erbsen beigeben, mit heißer Rindsuppe übergießen, mit Salz und Pfeffer würzen, gehackte Petersilie zufügen und dünsten. Mit Mehl-Butter binden. Mit den jungen Zuckererbsen kann man auch junge, kleinwürfelig geschnittene Karotten dünsten.

Geschmorte Pilze

80 dag Steinpilze, Eierschwammerl oder Champignons, 1 Knoblauchzehe, 6 dag Butter, Salz, Pfeffer, gehackte Petersilie

Die Pilze sorgfältig waschen, abtrocknen und in Scheiben schneiden. Eierschwammerl grob hacken. Die Knoblauchzehe fein zerdrücken, in der Butter aufschäumen lassen. Die Pilze hinzufügen, bei starker Hitze in 10 Minuten weich dünsten. Mit Salz und frisch gemahlenem Pfeffer abschmecken. Zum Schluß mit der gehackten Petersilie vermischen und sofort auftragen.

Was ganz „Besonderes“!

Gegrillte Pilze

8 Steinpilze oder 16 große Champignons, 1 Knoblauchzehe, Petersilie, 3 Eßlöffel Öl, 1/2 Zitrone, Salz, Pfeffer

Von den Pilzen nur die Köpfe verwenden. Die Stiele lassen sich anderweitig einsetzen, wie z. B. für feine Fleischgerichte oder Suppen.

Die Pilzköpfe sehr sorgfältig waschen und von allen etwa schlechten Stellen befreien. Gut abtrocknen lassen. Die Knoblauchzehe mit der Petersilie zusammen fein hacken. Die Pilze mit Öl einpinseln und mit der Lamellenseite nach oben auf ein befettetes Backblech oder eine feuerfeste Platte setzen. Mit dem Knoblauch-und Petersiliengemisch bestreichen und dieses mit Öl und Zitronensaft beträufeln. In das gut vorgeheizte Backrohr schieben und bei starker Mittelhitze in 15 – 20 Minuten gar braten. Mit Salz und frisch gemahlenem Pfeffer bestreuen. Man kann in die Mitte jedes Pilzes noch ein Stückchen Petersilienbutter legen.

Gratiniertes Fenchelgemüse

6 Vorspeisportionen

6 mittelgroße Fenchelknollen, Salz, 5 dag Butter, 3 dag Mehl, 1/4 l Milch, 1/8 l Gemüsekochwasser, Pfeffer, Muskat, 3 dag geriebener Hartkäse oder Parmesan, 3 dag Butterflöckchen

Die Fenchelknollen gut waschen und von welken Stellen befreien, die Blätter abschneiden und das Gemüse halbieren. In kochendem Salzwasser in etwa 40 Minuten weich kochen. Das Gemüse aus dem Kochwasser nehmen und abtropfen lassen. Für die Bechamelsauce die Butter zerlassen, das Mehl anrösten. Unter Rühren nach und nach die Milch und das Gemüsewasser hinzufügen. Bei kleinem Feuer 5 Minuten durchkochen lassen. Mit Salz, Pfeffer und Muskat abschmecken. Die gekochten Fenchelknollen auf eine gebutterte, feuerfeste Platte legen und mit der Bechamelsauce begießen. Mit geriebenem Käse bestreuen, Butterflöckchen darauflegen und im vorgewärmten Backofen bei starker Mittelhitze in ca. 10 Minuten goldgelb backen.

Weiße Bohnen mit Schinkenschwarte

6 Portionen

40 dag getrocknete, weiße Bohnen, 1 Schinkenknochen mit etwas Fleisch daran, 20 dag Schinkenschwarte oder harte geräucherte Schweinewurst, 5 dag Schinkenfett oder Schinkenspeck, 1 Knoblauchzehe, 1 Zwiebel, 5 dag Schmalz, 25 dag reife Paradeiser, Salz, Pfeffer, 1 Büscherl Petersilie

Die weißen Bohnen am Vortag einweichen. Mit dem Schinkenknochen, der Schwarte oder mit Schweinewurst in 2 l Wasser aufsetzen und in ca. 2 Stunden weich kochen. Inzwischen das Schinkenfett und die Knoblauchzehe fein wiegen, die Zwiebel in Würferl schneiden. Das Schmalz zerlassen und Schinkenfett, Knoblauch und Zwiebel darin glasig braten. Die Paradeiser blanchieren (brühen), abziehen und in kleine Stückchen schneiden, die Kerne ausklopfen, in das Fett geben und ungefähr 20 Minuten kochen lassen. Wenn nötig, mit etwas Bohnenwasser aufgießen. Die Bohnen auf ein Sieb geben. Das Fleisch von dem Schinkenknochen lösen, die Schwarte in Streifen, die Wurst in Scheibchen oder Würferl schneiden. Die abgetropften Bohnenkerne und das Fleisch zu den verkochten Paradeiswürferl geben. Eventuell die Paradeiser mit etwas Bohnenkochwasser geschmeidiger machen. Die Bohnen 15 Minuten mit der Paradeissauce kochen lassen. Mit Salz und frisch gemahlenem Pfeffer abschmecken, dann die gehackte Petersilie hinzufügen.

Das wollte Toni jeden Sonntag.

Süßsaure Zwiebeln

45 dag kleine, junge Zwiebeln, 10 dag Schinkenspeck, 5 dag Schmalz, 4 dag Zucker, 1/16 l Weinessig (Apfelessig), Salz, Pfeffer

Die Zwiebeln schälen. Den Schinkenspeck in kleine Würfel schneiden und in dem Schmalz langsam ausbraten. Die Schinkengrammeln aus dem Fett nehmen. Die Zwiebeln in das Fett geben und goldgelb rösten. Den Zucker hinzufügen und ebenfalls etwas Farbe nehmen lassen; mit dem Essig aufgießen. Unter häufigem Schütteln in 45 Minuten weich dünsten. Mit Salz und Pfeffer abschmecken.

Scharfe Zwiebeln werden vor der Zubereitung 2 Stunden in kaltes Wasser gegeben.

Anmerkung: Schmecken warm als Fleischbeilage ausgezeichnet. Kalt als Vorspeise zu servieren.

Rahmgurken mit Dill

6 Portionen

2 Gurken, 6 dag Butter, 6 dag Mehl, 1 mittlere Zwiebel, Kalbsknochensuppe, Salz, Pfeffer, Essig oder Zitronensaft, 1/8 l saurer Rahm, gehacktes Dillkraut, gehackte Petersilie

Feingeschnittene Zwiebel in heißer Butter anlaufen lassen, mit Mehl stauben, mit Kalbsknochensuppe ablöschen, aufgießen und zu einer sämigen, dicklichen Sauce verkochen. Die geschälten, halbierten, entkernten und in dicke Scheiben geschnittenen Gurken beifügen und in dieser Sauce ca. 20 Minuten weich dünsten. Mit Salz, Pfeffer, Essig oder Zitronensaft würzen. Den sauren Rahm mit Dill und Petersilie einrühren und gut vermischen. Einmal kurz aufkochen und dann etwas ziehen lassen.

Gedünsteter Kohl

1 kg Kohl, 25 dag durchwachsene Speckscheiben (Hamburger Speck), Salz, Pfeffer, Petersilie, Rindsuppe

Kohl waschen, vierteln und in heißem Salzwasser oder Rindsuppe blanchieren; herausnehmen, gut auspressen. Eine feuerfeste Schüssel mit dünnen Speckscheiben belegen, die Kohlstücke daraufgeben, salzen, pfeffern und mit gehackter Petersilie bestreuen. Mit kochender Suppe untergießen und zugedeckt ca. 2 Stunden im Rohr dünsten. Vor dem Servieren eventuell mit Reibkäse bestreuen.

Dieses Gericht ist sehr gut als Fleischgarnierung.

Sommerlicher, gemischter Salat

1 Kopf grüner Salat, 2 Karotten, 3 Paradeiser, einige Radieschen, frische Kresse, 1/2 Salatgurke, 10 dag kleine grüne Fisolen, 8 Eßlöffel Olivenöl, Salz, 1 – 2 Eßlöffel Essig, Pfeffer

Den Salat gründlich waschen, in einem Sieb antropfen lassen und in einem sauberen Tuch oder einem Salatschwenker trocken schleudern. Die Blätter in Stückchen zerreißen oder zweifingerbreit schneiden. Die Karotten putzen und auf der feinen Seite der Rohkostreibe raffeln. Die Paradeiser und die Radieschen in Scheiben schneiden. Die Kresse gut waschen und ausschwenken, sie kann im Gegensatz zu den Salatblättern etwas feucht bleiben. Die Salatgurke schälen und in Scheiben schneiden. Die Fisolen kurz kochen. Alle Zutaten miteinander vermischen. Das Öl mit dem Salz verrühren bis dieses sich aufgelöst hat. Den Essig hinzufügen, dann etwas Pfeffer. Über die Salatzutaten gießen und den Salat auftragen.

Paradeissalat mit Basilikum

Die Paradeiser in Scheiben schneiden, mit Salz sowie frisch gemahlenem Pfeffer bestreuen und mit dem Öl übergießen. Hat man im Kräutergarten frisches Basilikum, so wird es grob geschnitten und über die Paradeiser gestreut. Keinen Essig hinzufügen; seine Säure würde die angenehm süßliche Säure der Paradeiser zerstören.

Rettichsalat

Den rohen schwarzen Rettich schälen, in dünne Scheiben hobeln oder schneiden, salzen und mindestens 30 Minuten zugedeckt stehen lassen. Das ausgetretene Salzrettichwasser abgießen, mit Essig und Öl zubereiten, pfeffern.

Roter Rübensalat

60 dag rote Rüben, 2 Äpfel, 1 Eßlöffel geriebener Kren, Essig, Öl, Salz, Pfeffer

Geputzte rote Rüben werden in kochendes Salzwasser eingelegt und je nach Größe ca. 70 Minuten weich gekocht. Dann mit kaltem Wasser abschrecken, schälen und in dünne Scheiben schneiden. Die roten Rüben werden mit geschälten und in Stifte geschnittenen Äpfeln sowie gerissenem Kren vermengt. Aus Essig, Öl, Salz und Pfeffer eine Marinade bereiten, darübergießen und gut vermischen.

Mindestens 3 Stunden ziehen lassen.

Ißt Du Linsen-denk' daran, dass Dir manches passieren kann!

Linsensalat

1/4 kg Linsen, 1/4 kg gekochter Rollschinken, 1/2 Knolle Sellerie, 2 geschälte Äpfel, 1 mittlere Zwiebel, Essig, Öl, Salz, Pfeffer, Zucker, Senf

Die am Vortag eingeweichten Linsen in ungesalzenem Wasser weich kochen. In ein Sieb leeren und mit kaltem Wasser abschrecken. Würfelig geschnittene Sellerie in Salz und Essigwasser weich kochen; Schinken und Äpfel werden in Würfel geschnitten, die Zwiebel fein gehackt. Äpfel, Schinken, Zwiebel, Sellerie unter die Linsen mengen, mit einer Marinade aus Essig, Öl, Salz, frisch gemahlenem Pfeffer, Zucker und Senf übergießen und gut durchmengen. Einige Zeit ruhen lassen.

Warmer Krautsalat

50 dag Weißkraut, 15 dag Selchspeck, Essig, Öl, Salz, Pfeffer, gehackter Kümmel

1 kleiner Krautkopf wird feinnudelig geschnitten, mit Kümmel vermengt, mit heißem Essigwasser übergossen und einige Minuten stehen gelassen. Das Wasser abgießen, den Vorgang wiederholen, wodurch das Kraut mürbe wird. Das Kraut mit einer Marinade aus Essig, Öl, Salz und Pfeffer übergießen und gut vermischen. Die Speckwürfel rösten und über das Kraut gießen.

Sauerkrautsalat

Das gereinigte, mehrfach geschnittene Kraut wird mit einer Gabel gelockert, mit Öl, geriebener Zwiebel und etwas Essig vermengt. Verbessert wird es, wenn man auch würfelig geschnittene Äpfel, Essiggurken und grüne Paprika daruntermischt.

Notizen & weitere Rezepte:

Gedünstetes süßes Kraut.

Zwei mittelgroße Häuptel Kraut werden, nachdem der Strunk herausgenommen, nudelartig geschnitten, mit Fett und etwas Zucker gelbbraun gedünstet, mit zwei Eßlöffel Mehl bestäubt und nochmal überdünstet, dann mit Fleischbrühe und etwas Essig aufgegossen, und eine Stunde lang verkocht. Wer den säuerlichen Geschmack nicht liebt, kann den Essig weglassen.

Kraut-Salat.

Man schneidet blaues o. weißes Kraut so fein wie möglich, läßt dann Butter oder frisch geschnittenen Speck heiß werden, gibt das Kraut darein, und rührt es so lange über dem Feuer um bis es durch und durch heiß ist, dann gibt man Pfeffer, Salz und Essig daran, wendet es über dem Feuer noch einmal um, und gibt es warm zur Tafel.

Gedünstete Kohlrüben.

Man schneide Kohlrüben, welche nicht holzig sein dürfen, dick nudelartig, gebe sie in Butter in eine Kasserolle und lasse sie unter öfterem Umrühren gelbbraun dünsten, dann streue Mehl daran, lasse sie nochmals dünsten, und gieße sie mit Fleischbrühe auf.

Notizen & weitere Rezepte:

fig · 7

Saucen

Dürnstein

Sauce Hollandaise

8 Portionen

3 Eidotter, 3 Eßlöffel Flüssigkeit (Weißwein, Suppe), Salz, Cayennepfeffer, Zitronensaft, Worcestershiresauce, 25 dag Butter

Die Butter wird langsam aufgekocht und 2 – 3 Minuten leicht weitergekocht, dann beiseite gestellt, so daß sich die Molke absetzen kann. 3 Eidotter mit Suppe oder Weißwein, Salz, Cayennepfeffer, Worchestershiresauce und Zitronensaft in einem Schneekessel mit dem Schneebesen über Dunst dick aufschlagen. Die Masse darf nicht kochen, da sonst das Ei gerinnt. Vom Dunst nehmen und unter ständigem Schlagen die warme Butter tropfenweise beigeben. Die Sauce am besten kurz vor dem Anrichten zubereiten. Sollte die Sauce gerinnen, gibt man 1 Eßlöffel kaltes Wasser zu und rührt mit dem Schneebesen glatt.

Anmerkung: Zu gekochtem Spargel kann man das Gemüsewasser verwenden, bei Fisch den Fischsud etc.

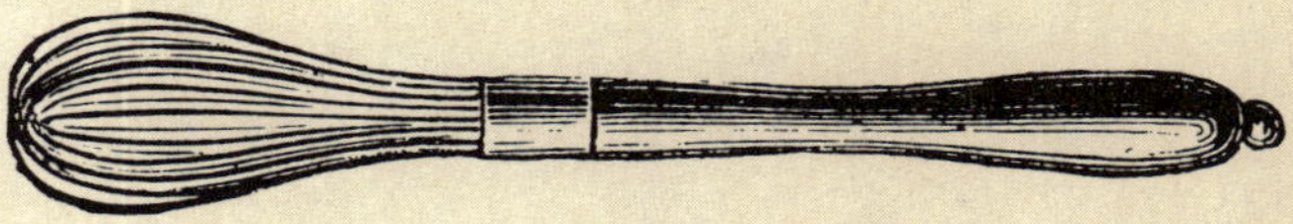

Cumberlandsauce

16 dag Ribiselgelee, 8 dag Hagebuttenmarmelade, 1/16 l Rotwein, etwas englisches Senfmehl, 3 dag Kren, Saft von 1/2 Orange, Saft von 1/2 Zitrone, 1/16 l Rotwein zum Kochen, Schale von 1/2 Orange, Schale von 1/4 Zitrone, 1 Prise Salz

Ribiselgelee und Hagebuttenmark werden glatt verrührt, Rotwein, Senfmehl, Orangen- und Zitronensaft und gerissener Kren beigemengt. Dies läßt man nun einige Zeit kühl stehen und passiert sodann die Sauce (Mixer). Dann fügt man feinnudelig geschnittene Orangen- und Zitronenschalen, die man in Rotwein weich kochen ließ, hinzu. Man kann auch eine Prise Cayennepfeffer beifügen.

Anmerkung: Diese Sauce eignet sich vorzüglich zu kaltem Wild.

Preiselbeercreme

30 dag passiertes Preiselbeerkompott, 2 Eßlöffel geriebener frischer Kren, Zucker, Zitronensaft, Salz, 1/8 l geschlagenes Obers

Die passierten Preiselbeeren werden in kochendem Wasser kurz überbrüht, mit geriebenen Kren, Zucker, Zitronensaft und einer Prise Salz verrührt. Zuletzt wird das steifgeschlagene Obers vorsichtig daruntergezogen.

Wird zu kaltem Wild gereicht.

Kapernsauce

4 dag Fett, 4 dag Mehl, 1/2 l Suppe, 4 dag gehackte Kapern, 1 kleine Zwiebel, Pfeffer, Salz, 1/16 l saurer Rahm

Aus Fett, Mehl und feingehackter Zwiebel bereitet man eine lichte Einbrenn, fügt die gehackten Kapern bei, gießt mit Suppe auf, würzt und läßt das Ganze gut verkochen. Dann wird der glattverrührte saure Rahm unter die Sauce gemischt, die nochmals kurz aufkocht.

Warmer Oberskren

4 dag Butter, 4 dag Mehl, 1/4 l Milch, 1/4 l Obers, Salz, Pfeffer, Muskat, 10 dag gerissener Kren, 2 dag Butter

Man läßt die Butter aufschäumen, fügt das Mehl hinzu und läßt es leicht anschwitzen. Mit Milch und Obers verkochen, würzen, dann den gerissenen Kren beigeben und noch etwas Butter hinzufügen.

Wird zu gekochtem Rindfleisch serviert.

Sauerampfersauce

1/4 kg Sauerampfer, 8 dag Butter, Wasser oder Rindsuppe, 8 dag Mehl, Salz, 1/8 l saurer Rahm

Feingehackten Sauerampfer dünstet man in Fett mit etwas Wasser oder Rindsuppe. Nach Verdampfen der Flüssigkeit gibt man das Mehl bei, läßt es ein wenig anrösten, gießt nochmals Wasser oder Rindsuppe an, salzt und läßt die Sauce mit Rahm kurz aufkochen.

Notizen & weitere Rezepte:

fig. 8

Mehlspeisen und kleine Bäckereien

Strudelteig
Grundrezept

25 dag glattes Mehl, Salz, ca. 1/8 l lauwarmes Wasser, 2 dag Öl

Man gibt das Mehl auf ein Nudelbrett und bereitet in der Mitte eine Grube. In diese kommt das lauwarme Wasser mit dem Salz. Nun verrührt man alles mit dem Messer und verarbeitet es zu einem weichen Teig. Man knetet ihn mit der Hand so lange, bis er ganz glatt ist. Danach kommt er auf eine bemehlte Stelle des Brettes und wird mit einem Tuch oder einer erwärmten Schüssel zugedeckt. Mindestens 30 Minuten rasten lassen! Hierauf wird ein Tischtuch ausgebreitet und mit Mehl bestaubt. In die Mitte wird der Strudelteig gelegt, zunächst mit dem Nudelwalker etwas ausgewalkt, mit Öl bestrichen und mit bemehlten Händen zuerst über eine Tischkante gezogen. Dann mit dem bemehlten Handrücken unter den Teig greifen und von der Mitte nach außen hin langsam so lange ziehen, bis der Teig dünn und durchsichtig ist. Die dickeren Teigränder wegschneiden. Die Fülle auf zwei Drittel des Teiges verteilen und von der mit der Fülle bestrichenen Seite durch Hochheben des Tuches bei gleichzeitigem langsamen Vorziehen zur freien Teigseite rollen. Durch Hochheben des Tuches rollt man den Strudel auf ein leicht befettetes Backblech, bestreicht ihn gut mit zerlassener Butter und bäckt ihn je nach Größe 30 – 45 Minuten im geschlossenen Rohr.

Ausgezogener Mohnstrudel

Strudelteig (s. Grundrezept S. 96), 4 dag Butter, 1/8 l kochende Milch, Vanillezucker, Zucker zum Bestreuen
Fülle: 25 dag feingemahlener Mohn, 4 dag Zucker, 1 Eßlöffel Rum, 8 dag Brösel, Zimt, 1/4 l Milch, 3 Dotter, 6 dag Zucker, 4 dag Rosinen, 4 Eiklar, 4 dag Zucker

Der gemahlene Mohn wird mit Zucker, Brösel, Rum und Zimt gemischt, mit 1/4 l Milch aufgekocht und überkühlt. Die Dotter mit 6 dag Zucker sehr schaumig rühren, nach und nach die Mohnmischung und die Rosinen beigeben. Den mit 4 dag Zucker steifgeschlagenen Schnee darunterziehen. Der ausgezogene Strudelteig wird mit flüssiger Butter beträufelt, die Fülle kleinfingerdick aufgetragen. Zusammenrollen und auf gut befettetes Backblech legen. Mit zerlassener Butter bestreichen und im heißen Rohr etwa 25 – 30 Minuten goldbraun backen. Nun die Oberfläche mit 1/8 l kochendheißer, mit Vanillezucker gesüßter Milch übergießen. 15 – 20 Minuten langsam backen und überzuckert zu Tisch geben.

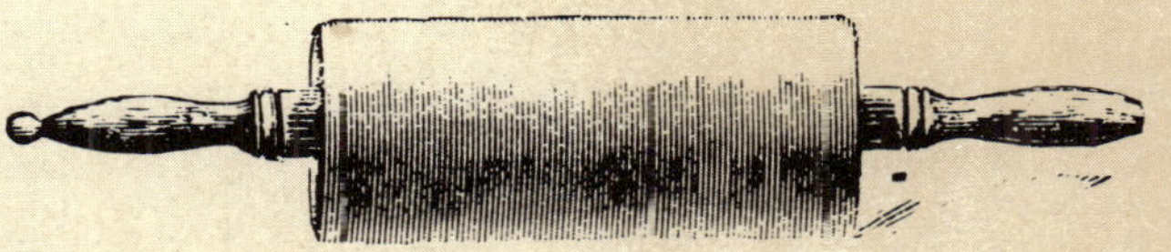

Rhabarberstrudel

Strudelteig (s. Grundrezept S. 96), 4 dag Butter, Staubzucker
Fülle: 12 dag Butter, 10 dag Semmelbrösel, 1 kg Rhabarber, 20 dag Zucker, Zimt, 6 dag Rosinen

Auf einem bemehlten Tuch wird Strudelteig dünn ausgezogen. Den Teig mit flüssiger Butter bestreichen, mit in Butter gerösteten Bröseln, dann mit geschältem, in 1 cm dicke Scheiben geschnittenen Rhabarber, Zucker und Rosinen belegen. Der Strudel wird eingerollt, auf ein befettetes Blech gelegt, mit zerlassener Butter bestrichen, im Rohr gebacken und vor dem Auftragen noch warm mit Zucker bestreut.

Traubenstrudel

Strudelteig (s. Grundrezept S. 96)

In einen hauchdünn ausgezogenen Strudelteig füllt man gedünstete, mit Zucker und Zimt abgeschmeckte frische Weintrauben und läßt den Strudel nachher wie beschrieben im Rohr backen.

Kartoffelstrudel

Strudelteig (s. Grundrezept S. 96), 3 dag Butter zum Bestreichen, Butter für das Blech, Zucker zum Bestreuen
Fülle: 14 dag Butter, 10 dag Zucker, 4 Dotter, Schale und Saft von 1/2 Zitrone, 8 dag Mandeln, 4 dag Rosinen, 32 dag passierte Kartoffeln (40 dag roh), 1/4 l Rahm, Klar von 4 Eiern, 1/4 l Milch

Auf einen dünn ausgezogenen Strudelteig streicht man folgende Fülle:

In flaumig gerührte Butter werden Zucker, Dotter, Zitronenschalen und Saft, geschälte geriebene Mandeln gekochte und darauf passierte Kartoffeln, Rahm, Milch und der Schnee von Eiklar gegeben. Auf die Fülle streut man Rosinen, rollt den Strudel ein und bäckt ihn in einer mit Butter ausgestrichenen Pfanne im Rohr.

Dazu reicht man Kanarienmilch (Rezept s. S. 143).

Breitenfurter Milirahmstrudel

Strudelteig (s. Grundrezept S. 96), Butter, 1/4 l Milch, Zucker zum Bestreuen
Fülle: 3 altbackene Semmeln, Milch, 12 dag Butter, 8 dag Zucker, 4 Dotter, Saft und Schale von 1/2 Zitrone, 1 Prise Salz, 1/4 l saurer Rahm, 4 Eiklar, 6 dag Rosinen

Auf einen ausgezogenen Strudelteig streicht man folgende Fülle:

Die Butter wird flaumig abgetrieben, nach und nach Zucker eingerührt, ebenso die Dotter, Saft und Schale der Zitrone. 1 Prise Salz und die abgerindeten, in etwas Milch eingeweichten und passierten Semmeln dazugeben. Zuletzt den Rahm und den Schnee der Eiklar unter die Masse ziehen. Auf den Strudelteig streichen, Rosinen darüber streuen, locker zusammenrollen und in spezielle mit Butter ausgestrichene Reindln schneckenförmig einlegen. Mit kalter Milch übergießen und im Rohr bei mittlerer Hitze etwa 30 Minuten zu schöner Farbe backen. Mit Zucker bestreuen, im Reindl auftragen.

Bauernkrapfen

1 kg Mehl, 6 dag zerlassene Butter, 3 dag Zucker, 3 dag Germ, 3 – 4 Dotter, ca. 1/2 l Milch, 1 Prise Salz, 2 Eßlöffel Rum, Zucker zum Bestreuen, Fett oder Öl zum Ausbacken

Dampfl: Germ mit einem Eßlöffel Zucker, 2 Eßlöffeln Mehl und 3 Eßlöffeln Milch verrühren, etwas Mehl daraufstreuen, warm stellen, zu doppelter Höhe aufgehen lassen.

In einem Weitling Mehl, den restlichen Zucker und Salz vermischen, ein Grübchen machen, das Dampfl, Butter, Dotter und Rum eingießen und verrühren. Lauwarme Milch dazugeben und den Teig solange abschlagen, bis er sich vom Kochlöffel und vom Weitling löst. Den Teig zugedeckt an einem Ort aufgehen lassen, dann zusammengeschlagen, mit einem in Mehl getauchten Löffel eigroße Stücke ausstechen, auf ein befettetes Tuch geben und nochmals aufgehen lassen. Die Teigstücke in der Mitte auseinanderziehen, mit der aufgegangenen Seite nach unten in das heiße Fett einlegen und auf beiden Seiten goldgelb backen. Die Krapfen in einem mit Papierservietten ausgelegten Sieb abtropfen lassen und mit Zucker bestreuen.

Schmalzstrauben

20 Stück

30 dag Mehl, 6 dag Butter, 1 dag Germ, 5 dag Zucker, 1 Ei, 1 Prise Salz, 3/8 l Milch, 1 Eßlöffel Schmalz, Zimtzukker

Mehl und Milch glatt rühren, etwas zuckern und salzen, den zerbröselten Germ beigeben und verrühren, dann die erweichte Butter und das Ei unterziehen. Zugedeckt an einem warmen Ort aufgehen lassen. Das Schweineschmalz erhitzen, den Teig durch einen Spritzsack in das Fett einlaufen lassen, beginnend in der Mitte und eine Spirale fortdrehend, bis die Pfanne voll ist. Auf beiden Seiten goldbraun backen, herausheben, auf Filterpapier abtropfen lassen, mit Zimtzucker bestreuen und noch heiß servieren.

Schneeballen

18 dag Mehl, 6 Dotter, 5 dag Butter, 1/16 l saurer Rahm, 1 Kaffeelöffel Rum, Salz, 1/2 kg Fett, Zucker zum Bestreuen

Mehl, Dotter, Butter, Rahm, Rum und Salz werden auf dem Brett zu einem Teig verarbeitet, den man so lange knetet, bis er Blasen schlägt. Man läßt ihn im Eiskasten 30 Minuten rasten. Nun walkt man den Teig dünn aus, schneidet oder radelt viereckige Flecken von 6 cm Kantenlänge, in die man fingerbreite Streifen einradelt, jedoch so, daß der Rand rundherum ganz bleibt. Man schiebt einen Kochlöffel zwischen die Teigstreifen, um ihnen die charakteristische Form zu geben, legt so die Flecken in heißes Fett ein, zieht dann den Kochlöffel heraus, schüttelt die Kasserolle ein wenig und läßt die Schneeballen gelb backen. Man hebt sie aus dem Fett, läßt sie auf Filterpapier abtropfen, bestreut sie mit Staubzucker und trägt sie noch warm auf. Dazu reicht man Himbeersaft.

Brandteig

Bei Bereitung des Brandteiges hat man folgendes zu beachten:

Milch oder Wasser (je nach Rezept) läßt man mit Butter aufkochen, schüttet das Mehl hinein und rührt den Teig auf mäßigem Feuer so lange, bis er sich vom Kochlöffel und von der Rein löst. Dann gibt man ihn in einen Weitling und rührt nach und nach die Eier sowie die übrigen Zutaten dazu. Nach jedem Ei muß der Teig glatt verrührt werden, bevor man das nächste dazugibt. Nun wird der Teig gut abgetrieben und vor der Verwendung 30 Minuten im Kühlschrank gelagert.

Spritzkrapfen

Brandteig: Wasser 3 dl, 3 dag Butter, 19 dag Mehl, 3 Eier, Salz, 1 dag Zucker, 1 Kaffeelöffel Rum Öl oder Schmalz zum Backen, Zucker zum Bestreuen

Ein aus obigen Mengen bereiteter Brandteig wird durch eine Krapfenspritze in 10 – 12 cm langen Stücken in heißes Fett eingelegt, langsam gelb gebacken und auf Filterpapier abgetropft. Die Spritzkrapfen werden mit Zucker bestreut und noch warm serviert. Man reicht dazu Himbeersaft.

Kapuzinerknödel

10 altbackene Semmeln, 3/4 l Milch, 3 Eier, 10 dag Schokolade, 10 dag Zucker, Schmalz oder Öl zum Ausbacken

Die entrindeten Semmeln werden halbiert und in die mit Eiern versprudelte Milch gelegt. Sie müssen ca. 30 Minuten quellen, werden etwas ausgedrückt und dabei zu Knödeln geformt. In heißem Fett lichtbraun backen. Noch heiß dreht man die Knödel in geriebener Schokolade, die mit Zucker vermengt wurde. Man kann als Beigabe Fruchtsaft oder Vanillecreme geben.

Türkenpolster

16 dag Mehl, 8 dag Butter, 1 Päckchen Vanillezucker Salz, 1/16 l Rum, 1 Ei, 1 Dotter, Marmelade, Schweineschmalz oder Öl zum Ausbacken, Zucker zum Bestreuen

Aus Mehl, Butter, Vanillezucker, Salz, Rum, Ei, Dotter einen glatten Mürbteig kneten. Diesen auf 30 Minuten kalt stellen, dann messerrükkendick auswalzen, runde Scheiben ausstechen, mit Marmelade bestreichen, zu einem Halbmond zusammenschlagen und am Rand festdrücken. In heißem Fett ausbacken und anzuckern.

Backteig für Mehlspeisen

1/8 l Milch, 12 dag Mehl, Salz, 2 Eidotter, 1 Eßlöffel Öl, 1 Kaffeelöffel Rum, 2 Eiklar, 1 dag Zucker

Milch mit Mehl, Salz, Dottern, Öl und Rum zu einem dickflüssigen, glatten Teig verrühren und ca. 20 Minuten rasten lassen. Eiklar wird mit Zucker zu festem Schnee geschlagen und unter den Teig gezogen, wieder etwa 5 Minuten stehen lassen und dann verarbeiten.

Wenn's bei uns gibt
Schlosserbuben sofort
füllt sich die Stub'n.

Schlosserbuben

Backteig (s. Grundrezept oben)
24 gedörrte Zwetschken, 24 Mandeln, Zucker, Zimt, Zitronensaft, 8 dag Schokolade, 6 dag Staubzucker

Die gedörrten Zwetschken werden über Nacht eingeweicht. Abtropfen, den Kern entfernen und durch eine abgezogene Mandel ersetzen. Mit Zucker, Zimt und Zitronensaft leicht marinieren. Nun die Zwetschken in den Backteig tauchen und in heißem Fett schwimmend goldbraun backen, herausheben, auf Küchenkrepp abtropfen und noch heiß in mit Zucker vermischter, geriebener Schokolade wälzen. Heiß servieren!

Gebackene Zwetschken

Backteig (s. Grundrezept S. 102)
20 Zwetschken, 20 Mandeln, Backfett, 2 dag Zucker, etwas Vanillezucker

Frische Zwetschken werden vorsichtig geschält, entkernt und in die Kernhöhle eine abgezogene Mandel hineingesteckt. Dann in den Backteig tauchen und in heißem Fett goldbraun backen, auf Küchenkrepp abtropfen, mit Zucker und Vanille bestreuen.

Gebackene Hollerblüten

Backteig: 15 dag Mehl, 1 dag Zucker, 1 Prise Salz, 2 dag Öl, 1/8 l Milch, 2 Eier
8 Holunderblüten, Backfett, Zucker und Zimt zum Bestreuen

Mehl, Zucker, Salz, Öl, Eier und Milch zu einem nicht zu dick gehaltenen Teig verrühren. Die Blütendolden des Holunders (sie sollen nicht abgeblüht sein) am Stielende halten, in den Backteig tauchen und in heißem Fett backen, abtropfen lassen und mit Zimtzucker bestreuen.

Notizen & weitere Rezepte:

Notizen & weitere Rezepte:

fig · 9

Koche, Aufläufe

zünftig

Almkoch

1/2 kg Grieß, 1 l Milch, 4 Eier, Salz, ca. 20 dag Schmalz, Rosinen, Zucker, Zimt

Grieß, Eier, Milch und eine Prise Salz werden verrührt und 30 Minuten stehen gelassen. Dann das Ganze in eine Pfanne mit heißem Schmalz geben und ins heiße Rohr stellen. Nach dem Backen sticht man die braune Kruste auf und mischt gewaschene Rosinen hinein, streut Zucker und Zimt darüber und ißt dazu Zwetschkenröster oder Zwetschkensauce (s. Rezept S. 142).

Grießauflauf

1/2 l Milch, 1/4 l Grieß, 10 dag Butter, 8 dag Zucker, Salz, 4 Dotter, Schale von 1/4 Zitrone, Klar von 4 Eiern, Butter und Brösel für die Auflaufschüssel, Himbeersaft

In kochende, gesalzene Milch läßt man den Grieß einlaufen und unter ständigem Rühren dick verkochen. Flaumig gerührte Butter wird mit Zucker, Dottern, feingehackter Zitronenschale, dem erkalteten Grieß und dem steifen Schnee der Eiklar vermischt. Man füllt das Gemenge in eine befettete und mit Bröseln bestreute Auflaufschüssel und bäckt es im Rohr ca. 45 Minuten. Man serviert mit Himbeersaft.

Marillenscheiterhaufen

6 Semmeln (Weißbrot oder Kipferl), 10 dag Butter, 1/4 l Milch, 2 Eier, 10 dag Zucker, 10 dag geschälte Mandeln, 1 kg Marillen (in Spalten geschnitten), Butter für die Form

Milch und Eier werden versprudelt und über die blättrig geschnittenen Semmeln gegossen, durchziehen lassen. In eine befettete Auflaufform werden lagenweise Semmeln, Marillen, Zucker und die in Stifte geschnittenen Mandeln geschichtet, den Abschluß muß eine Semmelschicht bilden. Über den Scheiterhaufen werden Butterflöckchen verteilt. Der Scheiterhaufen wird bei Mittelhitze im Rohr ca. 30 Minuten gebacken. Etwas abkühlen lassen und mit Zucker bestreut servieren.

Topfenauflauf

1/2 kg Topfen, 6 Eidotter, 8 dag Staubzucker, Zitronenschale, 4 dag Mehl, 2 dag Vanillezucker, 6 Eiklar, Butter für die Auflaufform

Eidotter werden mit Staubzucker, Topfen und Zitronenschale sehr schaumig gerührt. Nun das Mehl beifügen und zum Schluß Vanillezukker mit steifgeschlagenem Schnee darunterziehen. Die Masse in eine gebutterte Auflaufform füllen und bei mittlerer Hitze im Rohr ca. 25 Minuten backen. Mit Zucker bestreut auftragen.

Kaffeedunstkoch (Kaffeepudding)

8 dag Butter, 8 dag Zucker, 5 Dotter, 8 dag Mandeln, 2 Semmeln, 1/8 l schwarzer Kaffee oder lösliches Kaffeepulver, Klar von 5 Eiern, Butter und Zucker für die Form
Kaffeecreme: 2 dl Obers, 1 Ei, 3 Dotter, 10 dag Zucker, 3 Eßlöffel Kaffee oder Kaffeepulver, 1/4 l Schlagobers

Zu flaumig gerührter Butter gibt man nach und nach Zucker und Dotter, geriebene, ungeschälte Mandeln, die abgerindeten, in starkem schwarzen Kaffee erweichten, gut ausgedrückten, passierten Semmeln und den festen Schnee des Eiklars. Diese Masse wird in einer bestrichenen, mit Zucker ausgestreuten Puddingform 60 Minuten im Dunst gekocht. Zu dem Kaffeedunstkoch gibt man Kaffeecreme oder Schlagobers.

Kaffeecreme: Obers, Dotter, Ei, Zucker und starker Kaffee oder lösliches Kaffeepulver über Dampf dick schlagen und erkaltet mit dem festen Schlagobers mengen.

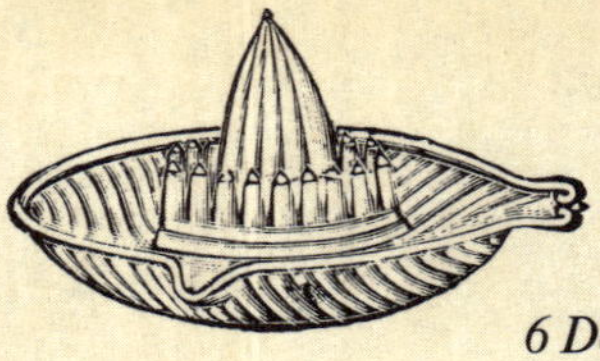

Zitronenauflauf

6 Dotter, 14 dag Zucker, Saft und Schale von 1 1/2 Zitronen, 4 dag Semmelbrösel, 10 Eiklar, Butter und Zukker für die Form

Dotter und Zucker werden sehr schaumig gerührt, mit dem Saft und den feingehackten Schalen der Zitronen vermischt, zum Schluß wird der steife Schnee der Eiklar zugleich mit den Bröseln leicht daruntergezogen. Dieses Gemenge wird in der gebutterten, gezuckerten Auflaufschüssel bei mittlerer Hitze ungefähr 25 Minuten gebacken und sofort gezuckert aufgetragen, weil es sonst zusammenfällt.

Mandeldunstkoch

7 dag Butter, 6 Dotter, 7 dag Zucker, 25 dag Mandeln, Klar von 6 Eiern, Butter und Zucker sowie 3 dag Mandeln für die Form

Butter wird mit Dottern sowie Zucker sehr flaumig abgetrieben und geschälte, geriebene Mandeln gleichzeitig mit dem festen Schnee der Eiklar vermengt. Die Masse wird in eine befettete, mit Zucker ausgestreute, mit geschälten Mandeln ausgelegte Puddingform gefüllt und 60 Minuten im Dampf gekocht. Der Pudding wird gestürzt und mit Fruchtpüree oder Weinchaudeau (s. Rezept S. 142) aufgetragen.

Besoffener Kapuziner

7 dag Zucker, 7 dag Semmelbrösel, 4 Eier, Zimt, 1 Prise Nelkenpulver, 1/8 l Weißwein, Zitronenschale

Dotter und Zucker werden sehr schaumig gerührt, Zimt, Nelken und die Semmelbrösel dazugegeben. Die Masse in eine mit Butter befettete und gut mit Mehl bestaubte Guglhupfform füllen und 30 Minuten im Rohr backen, stürzen. Wein mit etwas Zucker, Zimt, Nelken und Zitronenschale aufkochen lassen, abseihen und über den „Kapuziner" gießen. Vor dem Servieren noch 5 Minuten ins warme Rohr stellen.

Nur für Schlanke!

Topfennudelauflauf

12 dag Butter, 10 dag Zucker, 4 Dotter, 15 dag Topfen, 1/16 l saurer Rahm, 4 dag Rosinen, Schale und Saft von 1/2 Zitrone, Klar von 4 Eiern, Butter und Brösel für die Auflaufform
Nudelteig: 1/4 kg Mehl, Salz, 1 Ei, 2 Eßlöffel Wasser

Aus den Zutaten bereitet man einen Teig und schneidet ihn zu Nudeln, die in Salzwasser gekocht und abgeschreckt werden. Nun macht man einen Abtrieb aus Butter, Zucker, Dottern, passiertem Topfen, Rahm, Zitronensaft und feingehackter Zitronenschale, mengt die Rosinen und die ausgekühlten, abgelaufenen Nudeln und zuletzt den Schnee des Eiklars darunter. Dieses Gemenge füllt man in eine mit Butter und Bröseln ausgestreute Auflaufschüssel und bäckt sie 45 Minuten im Rohr.

Nußkoch

4 Eier, 4 dag Staubzucker, 6 dag Kristallzucker, 8 dag Nüsse, 2 dag Semmelbrösel, 5 dag Mehl, geriebene Zitronenschale, Vanille, 1 Prise Zimt, Butter für die Auflaufform

Die Eidotter werden mit Staubzucker, Zitronenschale, Vanille und Zimt sehr schaumig gerührt. Eiklar zu steifem Schnee schlagen, mit Kristallzucker ausschlagen. 1/3 des geschlagenen Schnees mit Mehl, geriebenen Nüssen, Semmelbröseln und der Eidottermasse gut vermischen, dann den restlichen Schnee mit der Schneerute locker unterziehen. In eine bebutterte Auflaufform füllen und backen.

Man serviert dazu Weinchaudeau (s. Rezept S. 142).

Notizen & weitere Rezepte:

fig. 10

Süße Knödel, Nockerl und Nudeln

Nix für Rosel's Hüften

Apfelknödel

5 in Würfel geschnittene Semmeln, 5 dag Butter, 4 dag Mehl (glattes), 2 Eier, ca. 1/4 l Milch, 1/2 kg geschälte, blättrig geschnittene Äpfel, Salz

Die Semmelwürfel in Butter kurz anrösten. Gesalzene Milch wird mit Eiern versprudelt und über die Semmelwürferl gegossen. Stehen lassen, bis die Semmeln die Milch gleichmäßig aufgesogen haben. Die Semmelmasse mit Mehl binden und die Äpfel dazugeben. Mit feuchten Händen Knödel formen, in kochendes Salzwasser einlegen und auf kleiner Flamme 12 – 15 Minuten kochen.

Powidlpofesen

4 Semmeln, 5 dag Powidl, 1 Kaffeelöffel Rum, Zitronenschale, 1/8 l Milch, 1 Päckchen Vanillezucker, 2 Eier, Fett zum Ausbacken, Zucker, Zimt

Die Semmeln werden entrindet, in fingerdicke Scheiben geschnitten, wobei man immer zwei und zwei zusammenhängen läßt. Man bestreicht diese zusammenhängenden Scheiben mit Powidl, der mit etwas Rum und Zitronenschale abgeschmeckt wurde, und drückt sie gut zusammen. In Milch mit Vanillezucker geben, die Semmelschnitten etwas weichen lassen, herausnehmen, durch die verquirlten Eier ziehen und in heißem Fett rasch goldgelb backen. Sie werden mit Kristallzucker und Zimt bestreut serviert.

Skubanki

*1/2 kg Erdäpfel, 8 dag Mehl, 15 dag geriebener Mohn,
5 dag Butter, Salz, Butter, Zucker*

Die Erdäpfel schälen, vierteln, in Salzwasser fast weich kochen, das Wasser abgießen, das Mehl daraufstreuen, Butterflocken daraufgeben und zugedeckt noch 15 Minuten stehen lassen. Nun zerstampfen und zu einem Nockerlteig vermengen. Mit einem nassen Löffel Nockerl ausstechen, diese in eine flache Backpfanne mit heißer Butter geben und auf allen Seiten anbacken, einige Male wenden und nicht zu braun fertig backen (insgesamt bis 6 Minuten), herausnehmen, in Mohn wälzen, anrichten und mit Staubzucker bestreuen. Wer es liebt, kann zerlassene Butter zusätzlich darübergeben.

Erdäpfelteig

*1 kg mehlige Kartoffeln, 25 – 30 dag Mehl, 1 Ei, Salz, 3 dag
Grieß, 6 dag Butter*

Die gekochten Kartoffeln werden heiß geschält und sofort mit der Kartoffelpresse oder dem Nudelwalker zerdrückt. Hierauf werden die übrigen Zutaten dazugemengt und rasch zu einem Teig verarbeitet. Dieser soll nicht lange abgeknetet werden, damit er nicht nachläßt und zuviel Mehl eingemengt werden muß.

Marillenknödel aus Kartoffelteig

*Kartoffelteig (s. Grundrezept oben)
1 1/2 kg Marillen, 8 dag Zucker, Salzwasser, 15 dag Semmelbrösel, 5 dag Zucker zum Bestreuen*

Der fertige Kartoffelteig wird zu einer dicken Rolle geformt, die man in dünne Scheiben schneidet. Jeweils eine kleine Marille, deren Kerne man durch Zuckerstückchen ersetzt hat, wird darin eingehüllt, wobei man beachtet, daß sie ganz vom Teig umgeben ist, dieser aber doch möglichst dünn sein soll. Die Knödel werden in kochendes Wasser eingelegt und 5 Minuten lang vorsichtig zugedeckt gekocht, bis sie an die Wasseroberfläche steigen. Abseihen, in mit Butter angerösteten Semmelbröseln rollen und vor dem Auftragen mit Zucker bestreuen.

Zwetschkenknödel aus Kartoffelteig

Dieselben werden wie Marillenknödel zubereitet, nur kann man sie in mit Staubzucker vermischten, geriebenen Mohn einrollen. Auch mit passiertem Topfen und übergossen mit heißer Butter werden diese Knödel gerne gegessen.

Erdbeerknödel aus Topfenteig

Topfenteig: 25 dag Topfen, 17 dag Mehl, 6 dag Butter, 1 Ei, Zitronenschale, Salz
50 dag Gartenerdbeeren (Ananas), 8 dag Butter, 10 dag Brösel, Staubzucker

Butter, geriebene Zitronenschale und eine Prise Salz glatt rühren, die übrigen Zutaten beigeben, gut verkneten und im Kühlschrank einige Zeit stehen lassen. In diesen Teig gereinigte, vom Stiel befreite Erdbeeren einhüllen, zu Knödeln formen, in kochendem Salzwasser rund 10 Minuten ziehen lassen. Gut abgetropft, in gerösteten Bröseln wälzen, anrichten und mit Staubzucker bestreuen. Es soll immer ein Probeknödel gekocht werden. Ist der Teig zu weich, gibt man Mehl, ist er zu fest, gibt man Butter bei.

Marillentascherl aus Kartoffelteig

Kartoffelteig (s. Grundrezept S. 117)
1 kg Marillen, 1 Ei zum Bestreichen, Salzwasser, 18 dag Butter, 16 dag Semmelbrösel, 5 dag Zucker zum Bestreuen

Der Kartoffelteig wird messerrückendick ausgewalzt. 6 cm vom Teigrand entfernt legt man in 2 cm breiten Abständen halbierte frische Marillen, bestreicht den Teig rund um die Frucht mit Ei, schlägt den Teigrand über die Früchte und macht viereckige Tascherl daraus. Die Tascherl werden ca. 5 Minuten lang sehr vorsichtig in Salzwasser gekocht und abgeseiht, worauf man sie zu den gerösteten Semmelbröseln gibt und mit Zucker bestreut.

Notizen & weitere Rezepte:

fig . 11

Feine Mehlspeisen

Topfenguglhupf

30 dag Mehl, 12 dag Zucker, 10 dag Butter, 15 dag Topfen, 2 Eier, ca. 1/8 l Milch, 1 Kaffeelöffel Rum, 1 Packerl Backpulver, Schale von 1/2 Zitrone, Butter und Mehl für die Form

Butter, Zucker und Dotter cremig rühren, den Topfen beifügen, gut verrühren und die Hälfte des Mehls, Milch, Rum und geriebene Zitronenschale daruntermengen. Das Backpulver mit dem restlichen Mehl versieben und abwechselnd mit dem Schnee in den Abtrieb heben. Nun die Masse in eine befettete und bemehlte Form füllen und im gut vorgeheizten Rohr bei Mittelhitze ca. 50 – 60 Minuten backen.

Rosinenputitze – und „Spitze“

Rosinenpotitze

1/2 kg Mehl, 5 dag zerlassene Butter, 2 dag Germ, 1/16 l Milch, 3 Dotter, 1 dl Schlagobers, 1 dl saurer Rahm, 7 dag Zucker, Schale von 1 Zitrone, Butter und Mehl für die Kasserolle
Fülle: 14 dag Butter, 7 dag Zucker, 1 Ei, 1 Eßlöffel saurer Rahm, 1 Eßlöffel Schlagobers, 4 dag Rosinen, 8 dag Nüsse (gehackt), 5 dag Zitronat (kleingeschnitten, mit etwas Rum befeuchtet)
Dampfl: Germ wird mit ca. 1 Eßlöffel Zucker, 2 Eßlöffeln Mehl und 3 Eßlöffeln Milch glatt verrührt, Mehl darübergesiebt. Zu doppelter Höhe aufgehen lassen.

In einem Weitling werden Mehl, Zucker und die geriebene Zitronenschale vermengt; ein Grübchen machen, das Dampfl und die Dotter eingießen und verrühren, mit Obers und saurem Rahm rasch zu einem Teig verarbeiten. Der Teig wird so lange abgeschlagen, bis er sich vom Kochlöffel löst und Blasen wirft. An einem warmen Ort aufgehen lassen, danach zusammenschlagen und am Brett zu rechteckiger Form auswalken. Nun die Fülle aufstreichen, die mit Rum befeuchteten Rosinen, Nüsse und Zitronat darüberstreuen. Den Teig wie einen Strudel einrollen, spiralenförmig in eine befettete und bemehlte Form einlegen, in das gut vorgeheizte Rohr schieben und bei Mittelhitze ca. 45 – 60 Minuten backen.

Brünner Mohnkolatschen

Teig: 40 dag Mehl, 2 dag Germ zur Gärprobe, 3 dag Zukker, 3/16 l Milch, 1 Ei, 1 Dotter, Salz, 10 dag Butter, 5 dag Mehl zum Bestreuen des Brettes, Butter für das Blech, Klar von 1 Ei zum Bestreichen
Fülle: 12 dag Mohn, 8 dag Zucker, 1/8 l Wasser, 3 dag Rosinen

Zum erwärmten Mehl gibt man aufgegangenen Germ, Zucker, Milch, Dotter, Ei, Salz und zerlassene Butter, verrührt alles zu einem festen Teig und schlägt diesen gut ab, bis er sich vom Kochlöffel löst. Aufgehen lassen. Der Teig wird auf bemehltem Brett ausgewalkt. Man schneidet viereckige Stücke, gibt die Mohnfülle darauf, schlägt die Ecken übereinander, drückt die Kanten zusammen und legt die Kolatschen mit der oberen Seite nach unten auf das befettete Blech. Danach müssen sie nochmals 30 Minuten zugedeckt aufgehen. Nun werden sie mit Eiklar bestrichen und mit geschälten, gehackten Mandeln bestreut, worauf sie im Rohr gebacken werden.

Mohnfülle: Zucker wird mit Wasser zum Spinnen gebracht, der feingeriebene Mohn in dieser Flüssigkeit weich gekocht und mit den Rosinen vermengt. Man kann der Mohnfülle statt Zucker auch Honig beigeben und kleingeschnittenes Zitronat daruntermengen.

Erdäpfelbrot

3 dag Germ, 8 dag Zucker, 1/2 kg Mehl, 3/16 l Milch, 7 dag Butter, 1 Ei, Salz, geriebene Zitronenschalen, 20 dag gekochte, passierte Erdäpfel, 5 dag Rosinen, 1 Ei zum Bestreichen

Aus der zerbröselten Germ wird mit einer Prise Zucker, 10 dag Mehl und 1/16 l lauwarmer Milch ein Dampfl bereitet. Inzwischen werden die Butter mit dem restlichen Zucker, Ei, etwas Salz und Zitronenschale gut schaumig gerührt. Das erwärmte Mehl auf ein Brett sieben. Die Erdäpfel, die am Vortag gekocht wurden, fein passieren, den Butterabtrieb, das Dampfl, Rosinen mit dem Mehl zu einem glatten Teig kneten. In zwei Hälften teilen und zwei Brotlaibe formen, auf ein befettetes Blech legen und zum Gehen zugedeckt 30 Minuten stehen lassen. Wenn sich die Brotlaibe um ihr halbes Volumen vergrößert haben, mit versprudeltem Ei bepinseln und im mittelheißen Rohr backen.

Kirtagsflecken

30 dag griffiges Mehl, 3 Dotter, Salz, 1/8 l Milch, 6 dag Zucker, Butter, Eiklar, Streusel, Marmelade
Dampfl: 2 dag Germ, 1/16 l Milch, 2 dag Zucker, 3 dag Mehl

Germ in lauwarmer Milch auflösen, Zucker und Mehl dazugeben, das Dampfl anrühren, mit Mehl leicht bestäuben und aufgehen lassen. Vorgewärmtes Mehl, Dotter, 1 Prise Salz, lauwarme Milch, Zucker und das aufgegangene Dampfl zu einem Germteig gut abschlagen, bis sich der Teig vom Kochlöffel löst. Zugedeckt rasten lassen. Nun daraus ein Laiberl formen und aufgehen lassen, dann auswalken, feinblättrig geschnittene Butter darauflegen, den Teig zusammenschlagen und kalt rasten lassen. Das Ganze dreimal wiederholen. Dann den Teig nach dem letzten Rasten messerrückendick auswalken, mit dem Krapfenausstecher runde Scheiben ausstechen, mit Eiklar bestreichen, obenauf mit Streuseln belegen. Sehr heiß backen. In die Mitte wird etwas Marmelade gespritzt.

Pressburger Nußbeugel

12 dag Butter, 25 dag Mehl, 2 dag Zucker, 1 1/2 dag Germ, 1/16 l Milch, Salz, 1 Dotter, 1 Ei zum Bestreichen
Fülle: 14 dag Zucker, 1/8 l Wasser, 30 dag Walnußkerne, 3 dag Butter, 3 dag Aranzini, Zitronenschalen

Butter wird mit Mehl abgebröselt, mit Zucker, mit in kalter Milch verrührter Germ, Salz und dem Dotter zu einem Teig verarbeitet, den man gut abknetet und zugedeckt auf dem bemehlten Brett rasten läßt. Nach 45 Minuten walkt man den Teig aus, schneidet 10 cm lange und 7 cm breite Rechtecke, die man mit Nußfülle belegt, einrollt und zu Kipferln (Beugeln) formt. Die Beugel werden auf ein unbefettetes Blech gelegt, mit Ei bestrichen. An einem lauwarmen Ort aufgehen lassen. Ist die Oberfläche getrocknet, zieht man sie in der Mitte ein wenig auseinander, damit der Eiaufstrich kleine Risse bekommt, die den Beugeln nach dem Backen bekannte Zeichnung geben; dann bäckt man sie.

Nußfülle: Wasser mit Zucker wird ein wenig gekocht, mit geriebenen Nußkernen, Aranzini, Zitronenschale und Butter gut verrührt und auf nassem Blech zu Röllchen geformt.

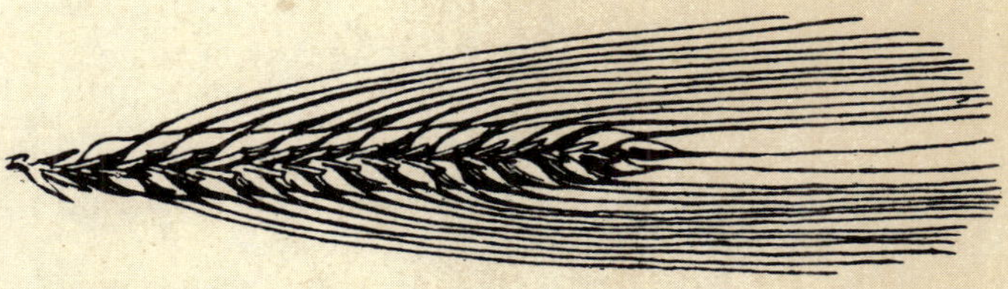

Weinbeerlstrudel

56 dag Mehl, 3 dag Germ, 6 Dotter, 10 dag Zucker, 7 dag Butter, 1 Prise Salz, Milch, Butter für die Pfanne
Fülle: 3 Semmeln, 8 dag Fett, 1 Tasse Weinbeeren (Rosinen), Milch

Zunächst einen Germteig mit Dampfl bereiten, nach dem Aufgehen den Strudelteig fein ausziehen. Die Semmeln schneiden, in ziemlich viel Fett rösten, Weinbeeren beigeben, das Ganze in Milch weichen lassen, dann auf dem Strudel auftragen, zusammenrollen und in einer mit Butter bestrichenen Pfanne backen.

Plunderteig

Germbutterteig, Grundrezept
Germteig: 35 dag Mehl, 4 dag Germ, 4 dag Zucker, ca. 1/8 l Milch, 4 dag Butter, 2 Eidotter, 1 Prise Salz, geriebene Zitronenschale
Butterziegel: 30 dag Butter, 5 dag Mehl

Gekühlte Butter wird mit Mehl rasch zu einer glatten Masse verarbeitet. Man formt einen zweifingerhohen Ziegel und stellt diesen kalt.

Aus den nicht erwärmten Zutaten einen seidig glatten Teig kneten, nicht gehen lassen. Den Teig sternförmig ausrollen, den Butterziegel in der Mitte auflegen und die vier Seiten darüberschlagen. Den Teig nun fingerdick ausrollen, die beiden Enden zur Mitte hin einschlagen und wie ein Buch zusammenklappen. Im Kühlschrank etwas rasten lassen, wieder ausrollen und wie vorher beschrieben behandeln. Kalt rasten lassen. Nun wird der Teig messerrückendick ausgerollt und nach den angeführten Rezepten behandelt. Schließlich auf ein befettetes Blech legen, aufgehen lassen und bei starker Hitze backen.

Nußkolatschen

Germbutterteig (s. Grundrezept oben), 1 Ei zum Bestreichen
Nußfülle: 20 dag geriebene Nüsse, 5 dag Semmelbrösel, 1/4 l Milch, 4 dag Zucker, 3 dag Butter, 1 Eßlöffel Rum, 5 dag Rosinen, geriebene Zitronenschale, 1 Eßlöffel Honig

Germbutterteig wird messerrückendick ausgerollt, in 12 cm x 12 cm große Vierecke geschnitten. Mit je einem gehäuften Eßlöffel Nußfülle belegen, die Vierecke übereinanderschlagen und leicht zusammendrücken. Auf ein bebuttertes Blech setzen, mit einem Tuch zudecken, aufgehen lassen, mit verquirltem Ei bestreichen und im mittelheißen Rohr backen.

Nußfülle: Milch wird mit Zucker, Butter, Rum, Zitronenschale, Rosinen und Honig zum Kochen gebracht. Die geriebenen Nüsse und die Semmelbrösel einrühren und erkalten lassen.

Herrlich zum Kaffee

Kranzkuchen

Plunderteig aus 18 dag Mehl (s. Grundrezept S. 126),
Butter für das Blech, 1 Ei zum Bestreichen, Zitronenglasur
Fülle: 5 dag Nüsse, 5 dag Arancini, 5 dag Rosinen, 5 dag
Zitronat, Zucker, Zimt, 5 dag Butter

Germbutterteig zubereiten und nach halbstündigem Rasten 4 mm dick zu einem etwa 30 cm langen Flecken ausrollen, mit einem Gemisch aus gehackten Nüssen, Arancini, Zitronat und Rosinen sowie Zucker, Zimt und zerlassener Butter bestreuen. Zu einer festen Rolle formen. Nun schneidet man diese der Länge nach ganz durch und legt jedes der beiden Teile so auf, daß die geschlossene, äußere Seite nach unten, die aufgeschnittene Seite des Strudels nach oben zeigt. Dann werden die beiden Teile miteinander zu einer Art Drehzopf verflochten (bei welchem jedoch auch stets die aufgeschnittenen Seiten nach oben gekehrt sind) und diese zu einem Kranz gedreht. Der Kranz wird auf ein befettetes Blech gelegt und an einen warmen Ort zum Aufgehen gestellt. Wenn er genügend aufgelockert ist, wird er mit Ei bestrichen, bei mäßiger Hitze hellbraun gebacken und noch heiß mit Zitronenglasur versehen.

Man kann auch folgende Zuckerglasur verwenden: 10 dag Zucker werden mit 1/16 l Wasser bis zum großen Flug gekocht und mittels eines Pinsels über den fertigen Kranzkuchen gestrichen.

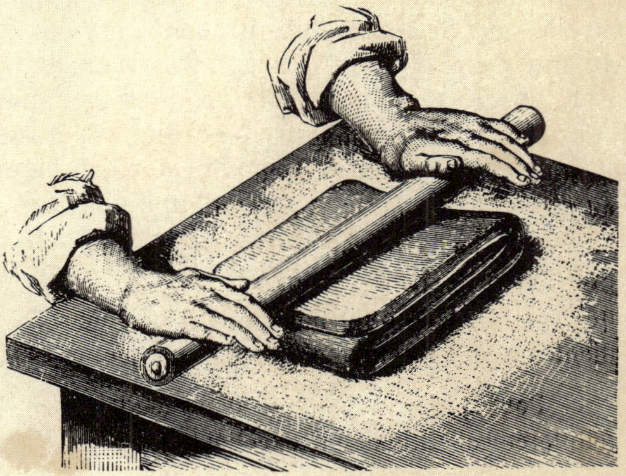

Blätterteig (Butterteig)

Butterteig: 28 dag Butter, 12 dag Mehl
Strudelteig: 16 dag Mehl, 1 Ei, Saft von 1/2 Zitrone, Salz, 1/16 l Weißwein, 2 Eßlöffel Wasser

Bei Bereitung des Butterteiges ist folgendes zu beachten:

Butterteig: Butter wird in das Mehl blättrig geschnitten, mit dem Rollholz zu einem Teig verarbeitet, den man zu einem Laibchen formt und für die Dauer von 30 Minuten an einen sehr kühlen Ort stellt.

Strudelteig: Mehl wird mit Ei, Zitronensaft, Salz, kaltem Wasser und Wein zu einem Teig vermischt, den man wie einen Strudelteig behandelt, mit einem Tuch bedeckt und rasten läßt. Hierauf wird der Strudelteig auf einem gut bemehlten Brett zu einem Viereck ausgewalkt. Der Butterteig wird auf den Strudelteig gelegt, letzterer darübergeschlagen und zwar so, daß man die eine Strudelteighälfte nach oben, die andere nach unten schlägt und beide zusammen weiterhin nur als einen Teig (Blätterteig) behandelt, den man in der Größe eines 40 cm langen und 25 cm breiten Viereckes rollt. Zunächst werden die beiden Breitseiten des Teiges nach oben so weit umgeschlagen, daß sie sich in der Mitte berühren. Hierauf wird das auf dem Teig liegende Mehl abgekehrt und in gleicher Richtung wie früher die eine Hälfte des Teiges über die andere gelegt, wie wenn man ein Buch zusammenklappt. Dann wird der Teig parallel zur schmäleren Kante mit dem Rollholz breitgeklopft, nach beiden Richtungen hin ausgerollt, abgekehrt und in der Längenseite und Breitseite zusammengelegt. Das Breitklopfen, Ausrollen, Abkehren und Zusammenlegen wird nach jeweiligem halbstündigen Rasten an einem sehr kühlen Ort noch zweimal wiederholt und hierauf der Teig zur beliebigen Verwendung ausgerollt. Blätterteig soll nie an einem warmen Ort bereitet werden, daher nie an der Nähe des Ofens arbeiten. Blätterteig wird auf unbefettetem, kaltem, mit Wasser befeuchtetem Blech gebacken. Zum Backen des Blätterteiges ist immer eine verhältnismäßig große Hitze erforderlich.

Wenn man statt Butter Margarine verwendet, wird der Teig Blätterteig genannt; er läßt sich mit Margarine auch leichter verarbeiten.

Italienischer Blätterteig (Butterteig)

25 dag Butter oder 25 dag Margarine, 28 dag Mehl, Saft einer halben Zitrone, Salz, ca. 1/8 l Wasser

Butterteig: Der vierte Teil des Mehles wird mit der Butter wie vorstehend beschrieben verarbeitet und kalt gestellt.

Strudelteig: Das übrige Mehl wird mit Salz, Zitronensaft und Wasser zu einem ziemlich weichen Teig verrührt, den man auf dem Brett oder im Weitling so lange abschlägt, bis er sich löst. Hierauf wird der Strudelteig auf ein gut bemehltes Brett zu einem Viereck ausgewalkt, das Butterlaibchen in die Mitte gelegt und in den Strudelteig wie zu einem Paket eingeschlagen. Die beiden Teige werden weiterhin so behandelt wie bei „Blätterteig" beschrieben ist, doch darf der Teig nicht rasten, sondern wird viermal nacheinander ausgerollt und zusammengeschlagen. Vor der Verwendung läßt man den Teig 30 Minuten kühl rasten. Man kann diesen Teig überall dort nehmen, wo Blätterteig angegeben ist. Reste vom Blätterteig können in der Weise verwendet werden, daß man von dem dünn ausgewalkten Blätterteig 12 cm lange, 5 cm breite, eiförmige Blätter schneidet, die man auf beiden Seiten mit Zucker bestreut und bäckt.

Apfel im Schlafrock

Butter- oder Blätterteig (s. Grundrezept S. 128), 8 kleine Äpfel, Zitronensaft, Zimt, Rosinen, Nüsse, Marillenmarmelade, Nelken, 1 Ei zum Bestreichen

Stark messerrückendick ausgerollter Butterteig wird in 12 cm x 12 cm große Teigstücke geschnitten. Entkernte, geschälte Äpfel mit Zitronensaft und Zimt marinieren, in die Mitte der Teigquadrate setzen, in die Kerngehäusehöhlung Rosinen, gehackte Nüsse und Ribiselmarmelade füllen. Die Ecken des Teiges über den Äpfeln zusammenschlagen, mit Nelken feststecken und auf einem leicht befeuchteten Blech mit Ei bestreichen. Zuerst im heißen Rohr anbacken und bei mäßiger Hitze ausbacken.

Cremeschnitten

Butter- oder Blätterteig (s. Grundrezept S. 128), Staubzucker, Vanillecreme (s. Rezept S. 143),

Der Butterteig wird messerrückendick ausgerollt, in zwei gleichgroße Hälften geschnitten, auf ein befeuchtetes Backblech gelegt und mit einer Gabel etliche Male eingestochen. Zuerst bei starker Hitze anbacken, dann mäßig heiß zu einer schönen goldbraunen Farbe ausbakken. Ausgekühlt, eine Fläche mit Vanillecreme bestreichen, die zweite Teighälfte in Portionen schneiden und mit der Oberseite nach unten auf die Vanillecreme setzen. Mit Zucker bestreuen und servieren.

Notizen & weitere Rezepte:

fig. 12

erschiedene Mehl- und Süßspeisen

Stift Melk an der Donau

Grammelpogatscherl (süße)

1/4 kg Grammeln (Grieben), 1/4 kg Mehl, 10 dag Zucker, Salz, 1 Prise Zimt, 1 Gewürznelke, Zitronenschalen, 1 Ei, 3 dag Zucker, Zimt zum Bestreuen

Die Grammeln werden auf dem Nudelbrett fein gehackt, mit Mehl, Zucker, Salz, Zimt, gestoßener Gewürznelke, Zitronenschalen (gerieben) und Ei rasch zu einem Teig verarbeitet, den man über Nacht an einem kühlen Ort stehen läßt. Am nächsten Tag wird der Teig messerrückendick ausgewalkt, mit einem Krapfenausstecher ausgestochen und auf den so gewonnenen Krapferln mit einem Messerrücken kreuz und quer Striche gezogen. Die Krapferl werden auf unbestrichenem Blech hellgelb gebacken und vor dem Anrichten mit Zucker und Zimt bestreut.

Wachauer Torte

14 dag Zucker, 7 Dotter, 2 Rippen Kochschokolade, 14 dag geriebene Mandeln, 7 Eiklar
Fülle: 1 Ei, 3 Rippen Schokolade, 12 dag Butter, Zucker nach Bedarf

Dotter und Zucker sehr flaumig abtreiben, nach und nach aufgeweichte Schokolade und einen Teil der Mandeln einrühren. Restliche Mandeln abwechselnd mit steif geschlagenem Schnee unter die Masse ziehen, alles in eine gefettete Tortenform füllen und backen. Ausgekühlt, wird die Torte in der Mitte durchschnitten, mit Creme gefüllt und zusammengesetzt. Auch den Außenrand mit Creme bestreichen. Für die Füllcreme Butter und Schokolade erweichen, mit Ei und Zucker sehr schaumig rühren und kalt stellen. Dann umrühren und aufstreichen. Diese Torte mit Streuseln verzieren.

Niemand macht sie
so gut wie Tant' Helene.

Mohntorte

30 dag Mehl, 16 dag Butter, 18 dag Zucker, 1 Packerl Vanillezucker, 2 Eier, 25 dag feingemahlenen Mohn, 1 Pakkerl Backpulver, Saft und Schale von 1/2 Zitrone, 1 Eßlöffel Rum, 1 Eßlöffel Milch, 10 dag Himbeermarmelade, Butter und Mehl für die Form
Zitronenglasur: 15 dag Staubzucker, 2 Eßlöffel Wasser, Saft von 1 Zitrone

Butter sehr schaumig rühren, nach und nach Zucker, Vanillezucker und Eier dazurühren. Mohn, mit Backpulver versiebtes Mehl, Zitronensaft und Schale, Rum und Milch daruntermischen. Die Masse in eine befettete und bemehlte Form geben, in das vorgeheizte Rohr schieben und bei Mittelhitze ca. 50 Minuten backen. Die Torte aus der Form stürzen und auskühlen lassen. Nun in der Mitte durchschneiden, mit Himbeermarmelade füllen und außen bestreichen. Mit Zitronenglasur glasieren.

Zitronenglasur: Staubzucker mit heißem Wasser und Zitronensaft 15 Minuten rühren.

Kletzenbrot

1/2 kg Feigen, 1/4 kg Datteln, 1/4 kg gekochte Kletzen (Birnen), 1/4 kg gekochte, gedörrte Zwetschken, 12 dag Rosinen, 10 dag Aranzini, 10 dag Walnüsse, 10 dag Haselnüsse, 1 Kaffeelöffel Zimt, 1 Kaffeelöffel gestoßene Nelken, 1/16 l Rum, Oblaten, 1 Ei zum Bestreichen, 10 dag Mandeln
Dampfl: 1 dag Hefe, 12 dag Mehl, 1/8 l Milch, 1 Eßlöffel Essig, Salz

Gekochte Kletzen, gekochte, entkernte Zwetschken und die anderen Früchte (bis auf die Rosinen) werden kleinwürfelig geschnitten, mit den Gewürzen, den geputzten Rosinen und Rum im Weitling gut vermengt und zugedeckt über Nacht stehen gelassen. Am nächsten Tag wird das feste Dampfl daruntergemengt. Man formt auf nassem Brett längliche Laibchen, gibt diese auf Oblaten, bestreicht sie mit verquirltem Ei, belegt sie mit abgezogenen, halbierten Mandeln und bäckt sie bei mäßiger Hitze je nach Größe 60 – 90 Minuten.

Anmerkung: Um einen schönen Glanz zu erzielen, bestreicht man die Laibchen öfters mit gesponnenem Zucker.

Nußschaumtorte

6 Dotter, 1 Ei, 17 dag Zucker, 11 dag Nüsse, Klar von 6 Eier, 5 dag Brösel, Butter und Mehl für die Form, Kaffeeglasur oder Schlagobers, Nüsse zum Verzieren,
Fülle: 5 dag Marmelade, 1/4 l Schlagobers, 5 dag Zucker

Ein Gemenge aus Ei, Dottern und Zucker wird sehr schaumig gerührt, dann mit geriebenen Nüssen, dem steifen Schnee der Eiklar und mit Bisquitbröseln verrührt, in eine befettete Tortenform gefüllt und bei mäßiger Hitze gebacken. Wenn die Torte erkaltet ist, wird sie einmal durchschnitten, mit Marmelade bestrichen, mit steifem, gezukkerten Schlagobers gefüllt, mit Kaffeeglasur überzogen und mit halbierten Nüssen verziert.

Diese Nüsse kann man auch - in Karamelzucker getunkt - nach dem Erkalten auflegen. Wer die Torte nicht süß liebt, läßt die Kaffeeglasur und verziert sie mit geschlagenem Schlagobers.

Vanillecremetorte

Bisquitteig: Klar von 6 Eiern, 10 dag Zucker, 6 Dotter, 10 dag Mehl
Windmasse: 2 Eiklar, 14 dag Zucker
Vanillecreme (s. Rezept S. 143), 10 dag Marillenmarmelade, Butter und Mehl für die Form

In den festen Schnee von Eiklar mengt man nach und nach gesiebten Zucker, Dotter und Mehl leicht unter. Dieses Gemenge wird in einer befetteten und bemehlten Tortenform gebacken. Nach dem Erkalten wird die Torte waagerecht durchschnitten. Die untere Hälfte wird mit Vanillecreme bestrichen, die obere wird mittels eines Spritzsackes mit Windmasse aus Eiklar und gesiebtem Zucker in Form einer von dem Mittelpunkt der Torte ausgehenden Spirallinie bespritzt und nochmals bis zum Gelbwerden der Windmasse ins kühle Rohr gestellt. Hierauf wird der Raum zwischen den Spiralen mit Marillenmarmelade aufgefüllt und die obere Tortenhälfte auf die mit Vanillecreme bestrichene gelegt.

Klosterkipferl

21 dag Mehl, 14 dag ungeschälte, geriebene Mandeln, 10 dag Schokolade, 5 dag Staubzucker, 2 Dotter, 15 dag Butter, fertige Schokoladenglasurmasse, 5 dag Pistazien

Mehl wird mit Mandeln, geriebener Schokolade, Zucker, Eidotter und Butter rasch zu einem Teig verknetet und kalt gestellt. Schlangen formen, nußgroße Teile schneiden und mit der Hand zu bauchigen Kipferln formen, auf ein Backblech setzen, licht backen. Wenn erkaltet, mit Schokoladenglasurmasse überziehen und mit gehackten Pistazien bestreuen.

Alt-Wiener Schokoladentorte

40 dag Mehl, 30 dag Butter, 10 dag Zucker, 1 Dotter, 7 dag Schokolade, Marillenmarmelade
Creme: 15 dag Butter, 10 dag Zucker, 3 Eier, 1/8 l Milch, 10 dag Schokolade
Fertige Schokoladenglasur oder 12 dag Butter, 12 dag Schokolade

Butter wird ins Mehl gerieben (abgebröselt), mit Zucker, Dotter und erweichter Schokolade rasch zu einem Teig verarbeitet. 20 Minuten kühl rasten lassen. Den Teig dünn auswalken, daraus 4 – 5 Blätter in Tortenblechgröße ausschneiden, mit einer Gabel mehrmals stechen, in das gut vorgeheizte Rohr schieben und bei starker Hitze kurz backen. Die Tortenblätter auskühlen lassen, dann mit der Creme zusammensetzen, oben mit Marmelade bestreichen und mit Schokoladenglasur überziehen.

Creme: Milch, Dotter, Zucker und Schokolade im Wasserbad cremig rühren und löffelweise unter die cremig gerührte Butter heben.

Glasur: Butter und Schokolade im Wasserbad langsam zerlaufen lassen und glatt rühren.

Notizen & weitere Rezepte:

Gugelhupf mit Rahm.

Man verrührt ein halbes Pfund Butter recht flaumig, gibt dann acht Eier und mit jedem Ei ein Löffel Mehl darein, diese müssen so, daß nur von Zeit zu Zeit darein geschlagen werden, und jedes sehr gut verrührt werden. Zuletzt gibt man noch 3 Löffel Germ 2 Loth Zucker, von einer Zitrone die fein geschnittenen Schalen, ein halbes Viertel Rahm und 5 Löffel Mehl dazu, gib den Teig in die gut mit Butter bestrichenen mit Semmelbröseln bestreute Form, läßt ihn an einem warmen Ort aufgehen, und läßt in schön backen. Man kann auch noch zerlesene Rosinen u. Weinbeeren dazu geben.

Notizen & weitere Rezepte:

Fig. 13

Fruchtdesserts und Cremes

Aller Kinder Traum

Erdbeerschaum

1/2 l pürierte Erdbeeren, 25 dag Staubzucker, etwas Maraschino, 4 Blatt Gelatine, 1/2 l Obers, Erdbeeren zum Garnieren

Die Erdbeeren werden durch ein Sieb passiert (Mixer) und mit Staubzucker und Maraschino gut verrührt. Kalt eingeweichte, erwärmte Gelatine wird untergerührt. Das Gemenge in das steifgeschlagene Obers einrühren und gut kühlen. Bergartig anrichten und mit Erdbeeren dicht garnieren.

Weinschaum (Chaudeau)

1 Seidel Weißwein, 12 dag Zucker, 3 Dotter, 1 Ei

Ein Gemisch von Weißwein, Zucker, Dottern und Ei wird über Dampf dickschaumig geschlagen und warm aufgetragen.

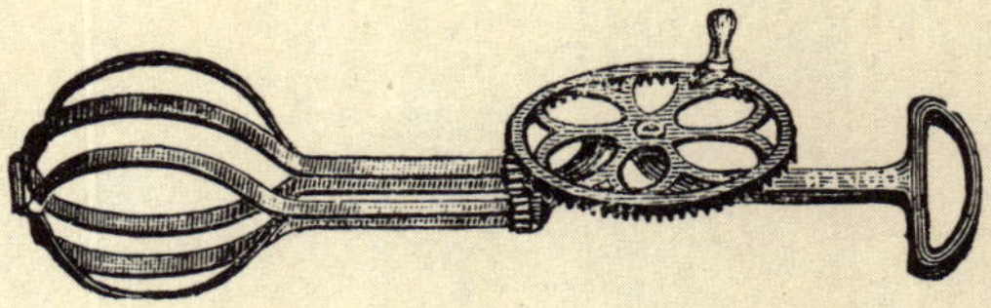

Zwetschkensauce

1 kg getrocknete Pflaumen, 4 dag Butter, 3 dag Mehl, Zitronenschalen, 1 Eßlöffel Rum, Zimt, 5 dag Zucker

Getrocknete Pflaumen werden weich gekocht, entkernt und fein gehackt. Nun macht man eine helle Einmach, gießt diese mit dem Pflaumenwasser auf, gibt Pflaumen, feingehackte Zitronenschalen, Rum, Zimt und Zucker dazu und läßt das Ganze zu einem dicklichen Brei verkochen.

Kanarienmilch

2 Dotter, 1/2 l Milch, 1 Vanilleschote, 5 dag Zucker

Dotter, Milch, Vanilleschote werden mit der Schneerute über Dampf schaumig geschlagen. Nach Entfernen der Vanilleschote wird die Kanarienmilch heiß serviert.

Vanillecreme
(als Fülle für Mehlspeisen)

1/4 l Obers, 5 Dotter, 1 Ei, 1/4 Schote Vanille, 7 dag Zucker,
2 dag Reismehl, 1/8 l Schlagobers, 3 Blätter Gelatine,
3 Eßlöffel Wasser

Ein Gemenge aus Obers, Dottern, Ei, Zucker und Reismehl wird mit einem Stück Vanille in einem Schneekessel über Dampf dick geschlagen und nach Entfernung vom Dampf gerührt, bis es kalt geworden ist. Die Vanille wird sodann entfernt. Diese erkaltete Creme wird mit steifgeschlagenem Obers und Gelatine, die man in heißem Wasser aufgelöst hat, vermischt.

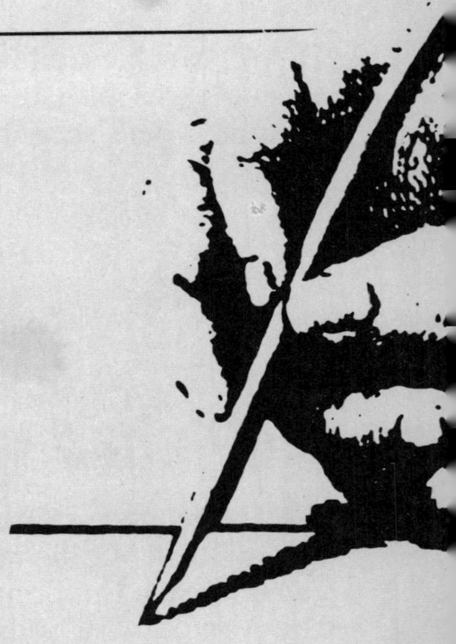

„Sitz zu Tisch ohne Sorgen,
ohne Zorn, ohne Leyd,
und so viel müglich zu bestimbter Zeit."

(Hippolyt Guarinoni 1610)

Anhang

Alphabetisches Inhaltsverzeichnis

Bildnachweis:

Folgende Bilder wurden mit freundlicher Genehmigung österreichischer Bibliotheken veröffentlicht.
Wiener Stadtbibliothek: fig. 6, S. 112
Niederösterreichische Landesbibliothek: fig. 1, 7, 12
Österreichische Nationalbibliothek: fig. 2, 3, 4, 5, 8, 13

Kleines Küchen-ABC

abbröseln: Butter und Mehl mit den Fingern auf dem Nudelbrett verreiben, bis beides in kleinen Bröseln verbunden ist
abschmalzen: Kochgut in heißem Fett schwenken
absprudeln: verrühren, quirlen
abtreiben: Fett, Butter abrühren, flaumig, schaumig rühren ergibt den Abtrieb
Ananas: in Österreich auch Bezeichnung für Gartenerdbeere
anschwitzen, anlaufen lassen: Gemüse, Zwiebel, Fleisch etc. in wenig Fett erhitzen (ohne daß diese Farbe nehmen), bevor man aufgießt
Arancini: Orangenschalenstreifen, in Zucker konserviert
aufgießen: nach dem Ablöschen mit Flüssigkeitsmenge versehen
Auflauf: dem Pudding ähnliche Masse
aufschäumen: Butter bis zum Aufschäumen heiß werden lassen
ausbacken, herausbacken: Kochgut in heißem Fett schwimmend backen
auswalken: Teig ausrollen

Backteig: Ausbackteig
Beugel: Hörnchen
Beuschel, Lüngerl: Lunge, auch Bezeichnung für ein Gericht
binden, legieren: Saucen, Suppen, Gemüse etc. mit Mehl eindicken (stauben), damit die Speise molliger wird
Blaukraut: Rotkohl
Blunze: Blutwurst
Bohnen: Weiße Bohnen
Bries: Kalbsmilch
Brösel, Semmelbrösel: Paniermehl
Bruckfleisch: das auf der Schlachtbrücke (Brucken) frisch ausgestochene Kleinfleisch wie Bries, Herz, Herzkranzel, Aorta, Kronfleisch, Leber, Milz

Chaudeau: Weinschaum

Dalken: dicker kleiner Pfannkuchen aus Hefeteig (Schmalzgebäck)
Dampfel: Gärprobe, Hefestück

Deka: österreichische Kurzform für Dekagramm
Dill, Dillenkraut: Dill
dressieren: spritzen von Teigen, Massen oder Cremes
dunsten: in Wasserbad kochen

Eiklar: Eiweiß, Klar
Einmach: helle, weiße Mehlschwitze
Erdäpfel: Kartoffeln

Farce: feingehacktes, faschiertes und püriertes Fleisch
faschieren: durch den Fleischwolf gedrehtes Fleisch
Filet: Lendenstück

Gansljunges: Gänseklein
Gelbe Rübe: Möhre
Germ: Hefe, Presshefe
Germteig: Hefeteig
Geselchtes: Geräuchertes, Rauchfleisch
Geselchte Zunge: Räucherzunge
Glasur: Überguß aus Zucker, Schokolade
Golatsche (auch 'Kolatsche' geschrieben): Germmehlspeise mit Topfen oder Powidl etc.
Grammeln: Grieben
Guglhupf: Napfkuchen
Gulasch (altwienerisch: Gollasch): Paprikafleisch

Haxeln, Haxl: Füße
Hendl: junges Huhn
herausbacken: Kochgut in heißem Fett schwimmend backen
Herrenpilze: Steinpilze
Holler: Holunder

Junges (Enten-, Gänse-, Hasen-, Hühnerjunges): Kopf, Hals, Lunge, Magen, Leber und Füße eines Tieres

Kalbsstelze: Kalbshaxe, Hesse
Karfiol: Blumenkohl
Karotte: Mohrrübe, Goldrübe
Karree: Rippenstück

Kasserolle: niederer Kochtopf
Kernfett: Rindertalg
Kilogramm: abgekürzt kg – 1000 g = 100 dag, 2 Pfund
Kipfel: mohnsichelförmiges Kleingebäck, Hörnchen
Kletze: Dörrbirne
Knödel: Kloß, Klöße
Koch: einem Auflauf ähnliche Süßspeise
kochen: in Flüssigkeit garen
Kohl: Wirsing
Kohlsprosse: Rosenkohl
Krapfen: Hefegebäck, in heißem Fett gebacken
Kraut: Weißkohl
Kren: Meerrettich
Kukuruz: Mais
Kuttelfleck, Kutteln: Kaldaunen, Löser, Blättermagen vom Rind
Kuttelkraut: Thymian

Marillen: Aprikosen
Marmelade: Jam
Mehl, glattes: sehr fein gemahlenes Weizenmehl
Mehl, griffiges: grob gemahlenes Weizenmehl
Mehlspeise: Süßspeise, auch Dessert
mollig: sämig, samtartig (z.B. bei Saucen)

Nierndeln: Nieren
Nockerl: Blößchen, Spätzle
Nudelwalker: Rollholz, Teigrolle

Obers: süße Sahne, süßer Rahm
Ochsenschlepp: Ochsenkraut

panieren: Fleisch vor Braten oder Backen in Mehl, Ei und Bröseln wenden
Paradeiser, Paradiesäpfel: Tomaten
Plenten: Polenta, Maisgrieß
Pofese: Je 2 Weißbrot- oder Semmelschnitten, gefüllt und in Fett gebakken
Porree: Lauch

Potitze: Germstrudelteig mit Nuß- oder Mohnfüllung wird von 2 Seiten eingerollt und in länglicher Form gebacken

Rahm: Süße oder saure Sahne. In der Wiener Küche bedeutet Rahm immer Sauerrahm (Schmecken)
Ribisel: Johannisbeere
Rindsuppe: klare Fleischbrühe, Bouillon
Rein, Reindl: flacher Kochtopf

Röster: gedünstetes Obst wie Zwetschken, Marillen, Holunder

Sauerkraut: Sauerkohl
Schalotte: kleine, mildschmeckende Zwiebelsorte (Perlzwiebel)
Scheiterhaufen: Süßspeise, die wie ein Haufen Holz übereinander geschichtet wird
Schlagobers: geschlagene Sahne, Schlagsahne
Schmalz: ausgelassenes Schweinefett
Schnecke: Germteigebäck, eingerollt, mit Nüssen, Rosinen, Zimt, Zucker als Einlage
Schneerute: Schneebesen
Schneidsemmeln: altbackene Semmeln
Schwamm, Schwammerl: Pilze
Seidel, Seitel: ein Wiener Seidel = 2 Pfiff = 0,354 l
seihen: Suppe oder Sauce durch ein Sieb oder Tuch fließen lassen
selchen: räuchern
Selchfleisch: Räucherfleisch
Selchkarree: geräuchertes Rippenstück, Kasseler Rippchen
Selchspeck: Räucherspeck
Semmel: Weißbrötchen
Semmelbrösel: Paniermehl
Senf: Mostrich
sieden: kochen
Spanferkel: junges Milchschwein
spicken: mit Speckstreifen durchziehen
Sprossenkohl: Rosenkohl
stauben: zu gedünstetem Fleisch, Gemüse etc., wenn alle Flüssigkeit eingegangen ist, etwas Mehl beigeben
Staubzucker: Puderzucker

Sterz: Speise aus Mehl, Grieß oder Maisteig
Straube: Schmalzgebäck
Strudel: Mehlspeise aus Hefe, Mürb- und Strudelteig

Tascherl: Tasche aus Kartoffelteig
Topfen: Quark
Tortenform: Springform

überbacken: überkrusten, gratinieren (bei starker Oberhitze)
untergießen: wenig Flüssigkeit unter das Kochgut gießen

Vanillezucker: Staubzucker, Puderzucker mit Vanillearoma

Wasserbad: Zum Warmhalten von Saucen, Gemüsen, Speisen
Weichsel: Sauerkirsche
Weinbeere: kleine scharze Rosinenart
Weitling: Rührschüssel
Weißkraut: Weißkohl

Zeller: Sellerie
Zwetschke: Pflaume
Zwetschkenröster: Pflaumenkompott

Alle Rezepte in diesem Buch, wenn nicht anders angegeben, sind für 4 Personen berechnet.

Die warmen Mehlspeisen werden gewöhnlich als Hauptspeise mit einer Suppe als ersten Gang serviert.

Gelten sie als Dessert, sind fast alle für 8 Personen berechnet.

Gebräuchliche Maße

1 Kilo = 2 Pfund = 100 dag = 1000 g = 1 l
1/2 Kilo = 1 Pfund = 50 dag = 500 g = 1/2 l
1/4 Kilo = 1/2 Pfund = 25 dag = 250 g = 1/4 l, 1 Wasserglas, 1 Tasse
1/8 Kilo = 1/4 Pfund = 12,5 dag = 125 g = 1/8 l = 8 Eßlöffel Wasser
1/16 Kilo = 1/8 Pfund = 6,25 dag = 61,5 g = 1/16 l = 4 Eßlöffel Wasser
1 l = 10 dl = etwa 3 Seidel
1/2 l = 5 dl
1/4 l = 2,5 dl
1/10 (0,1) l = 6 Eßlöffel Wasser = 1 dl

1 Tasse (1/4 l Inhalt) gestrichen voll:
Butter 225 g
Reis 200 g
Grieß 165 g
Salz 130 g

Wenn Sie sich für weitere Bücher aus unserem Verlag interessieren, schreiben Sie uns oder fragen Sie Ihren Buchhändler. Nachdem Sie dieses Buch kennengelernt haben, werden Ihnen sicher auch unsere anderen Titel zusagen, wobei Sie diejenigen, die wie das vorliegende Buch auch zur Landschaftsserie gehören, alle zu dem gleichen Preis erwerben können.

In unserem Verlag sind erschienen:

Das Kochbuch aus Baden
Das Kochbuch aus Berlin
Das Kochbuch aus Bremen
Das Kochbuch aus der Eifel
Das Kochbuch aus Franken
Das Kochbuch aus Hamburg
Das Kochbuch aus dem Harz
Das Kochbuch aus Hessen
Das Kochbuch aus der Lüneburger Heide
Das Kochbuch aus Mecklenburg, Pommern und Ostpreußen
Das Kochbuch von der Mosel
Das Kochbuch aus München und Oberbayern
Das Kochbuch aus dem Münsterland
Das Kochbuch aus Niederbayern
Das Kochbuch vom Niederrhein
Das Kochbuch aus Niedersachsen
Das Kochbuch aus Nordfriesland
Das Kochbuch vom Oberrhein
Das Kochbuch aus Ostfriesland
Das Kochbuch aus der Pfalz
Das Kochbuch aus dem Ruhrgebiet
Das Kochbuch aus dem Saarland
Das Kochbuch aus Schleswig-Holstein
Das Kochbuch aus Schwaben
Das Kochbuch aus dem Schwarzwald
Das Kochbuch aus Westfalen

Das Kochbuch aus dem Burgenland
Das Kochbuch aus Niederösterreich
Das Kochbuch aus Oberösterreich
Das Kochbuch aus Salzburg
Das Kochbuch aus der Steiermark
Das Kochbuch aus Tirol
Das Kochbuch aus Vorarlberg
Das Kochbuch aus Wien

Das Kochbuch aus Basel
Das Kochbuch aus dem Bernbiet
Das Kochbuch aus Graubünden
Das Kochbuch aus der Innerschweiz
Das Kochbuch aus der Ostschweiz
Das Kochbuch aus dem Tessin
Das Kochbuch aus dem Wallis
Das Kochbuch aus der Westschweiz
Das Kochbuch aus Zürich
Das Kochbuch aus der Schweiz

Cookbook from Tyrol
Cooking in Switzerland
Cookbook from Berlin
Cookbook from Vienna